"中国劳模"系列丛书

中国劳模

地下脉络的排水先锋

荀笑红

张雪◎著

吉林出版集团股份有限公司
全国百佳图书出版单位

图书在版编目（CIP）数据

地下脉络的排水先锋：荀笑红 / 张雪著. -- 长春：
吉林出版集团股份有限公司, 2025.6. --（"中国劳模"
系列丛书 / 徐强主编). -- ISBN 978-7-5731-6137-6

Ⅰ. K828.5

中国国家版本馆CIP数据核字第2025D6T262号

DIXIA MAILUO DE PAISHUI XIANFENG: XUN XIAOHONG

地下脉络的排水先锋：荀笑红

出 版 人	于　强
主　　编	徐　强
著　者	张　雪
组稿统筹	东北师范大学文学院创意写作研究中心
责任编辑	冯　雪
装帧设计	刘美丽

出　　版	吉林出版集团股份有限公司
发　　行	吉林出版集团社科图书有限公司
地　　址	吉林省长春市南关区福祉大路5788号　邮编：130118
印　　刷	唐山富达印务有限公司
电　　话	0431-81629711（总编办）
抖 音 号	吉林出版集团社科图书有限公司　37009026326

开　　本	710 mm×1000 mm　1 / 16
印　　张	9
字　　数	100 千字
版　　次	2025 年 6 月第 1 版
印　　次	2025 年 6 月第 1 次印刷

书　　号	ISBN 978-7-5731-6137-6
定　　价	55.00 元

如有印装质量问题，请与市场营销中心联系调换。0431-81629729

序 言

　　劳动创造财富，劳动创造幸福，劳动创造未来。习近平总书记在2020年全国劳动模范和先进工作者表彰大会上的讲话中指出："全社会要崇尚劳动、见贤思齐，加大对劳动模范和先进工作者的宣传力度，讲好劳模故事、讲好劳动故事、讲好工匠故事，弘扬劳动最光荣、劳动最崇高、劳动最伟大、劳动最美丽的社会风尚。"当今世界，综合国力的竞争归根到底是科技人才和高素质劳动者的竞争。改革开放以来，我们强大的工人队伍用辛勤的劳动和拼搏奉献的精神推动中国制造、中国智造、中国创造走向世界的前列，新时代的中国面貌日新月异。大力弘扬劳模精神、劳动精神、工匠精神，加强高素质技能人才队伍建设，打造一支宏大的知识型、技能型、创新型劳动者队伍，是伟大时代赋予我们的历史责任。

　　劳动模范是民族的精英、人民的楷模，是共和国的功臣。自改革开放以来，广大职工勇立改革潮头，独立自主，发奋图强，勇于创新，其中涌现出一批批全国劳模和大国工匠。他们参与建设了代表中国高度、中国速度、中国深度的一系列重大工程，提升了国家实力，打造了"中国名片"，树立了"中国品牌"，增添了"中国力量"，充分释放出工人阶级的创新活力，展示出大国工匠的强大创造力。他们以工人阶级的满腔热忱在各自平凡的工作岗位上取得了辉煌的成绩，书写了新时代的壮丽篇章。

爱岗敬业、争创一流、艰苦奋斗、勇于创新、淡泊名利、甘于奉献的劳模精神，崇尚劳动、热爱劳动、辛勤劳动、诚实劳动的劳动精神和执着专注、精益求精、一丝不苟、追求卓越的工匠精神，是广大劳动群众在社会生产实践中锤炼形成的弥足珍贵的精神财富，是工人阶级伟大品格的具体体现，是民族精神和时代精神的生动诠释。民族复兴需要劳动模范，祖国强盛需要大国工匠，中国制造、中国智造、中国创造更需要大国工匠的强有力支撑。劳模、工匠等的成长故事、先进事迹中承载的劳模精神、劳动精神和工匠精神，是激励全国各族人民团结奋斗、勇往直前的强大精神力量。

"中国劳模"系列丛书，采用图文结合的方式，讲述全国劳模、大国工匠和先进工作者们的成长经历及他们追梦、筑梦、圆梦的故事，用他们在平凡岗位上创造不平凡业绩的真实故事感染读者，推动形成劳动最光荣、劳动最崇高、劳动最伟大、劳动最美丽的社会风尚，引导广大技术工人和青少年形成劳动光荣、技能宝贵、创造伟大的观念。

"匠心筑梦，强国有我。"新时代是一个万象更新、生机勃勃的时代，也是一个继往开来、创新创业和建功立业的大时代。希望广大读者能以劳动模范为榜样，以大国工匠为楷模，立志技能报国、技术强国，踔厉奋发，勇毅前行，锤炼思想品格，汲取劳动智慧，勇于担当、勤于钻研、甘于奉献，为推进新型工业化和乡村振兴，为加快建设制造强国、质量强国、航天强国、交通强国、网络强国、数字中国、农业强国，全面建设社会主义现代化国家贡献青春力量。

中华全国总工会副主席（兼）

中国航天科技集团有限公司第一研究院

211厂14车间高凤林班组组长

2022年11月

传主简介

　　苟笑红，女，1970年生，黑龙江哈尔滨人，中共党员。现任哈尔滨排水集团党员志愿服务队队长兼排水荣誉展馆馆长。曾任哈尔滨排水集团女子清掏班副班长（2008年）、哈尔滨排水集团顾乡所维修一工段段长（2012年）、哈尔滨排水集团苟笑红班组首任班长（2017年）等职务。苟笑红先后获得全国优秀共产党员、全国劳动模范、全国五一劳动奖章、全国三八红旗手标兵、黑龙江省敬业道德模范、黑龙江省70年70人模范人物、黑龙江省岗位学雷锋标兵、黑龙江省优秀志愿工作者等数十项荣誉。她曾带领的以苟笑红名字命名的维修班组，获得了省市工人先锋号、市劳模班组等多项荣誉称号。

　　苟笑红负责的区域共有960座检查井、1810座雨水井，分布在66条街路上，管线总长度68公里。她带领团队确保了这一关键区域的排水畅通，为城市的正常运行作出了巨大贡献。2012年，台风"布拉万"肆虐哈尔滨，荀笑红不顾病痛缠身，毅然率领团队挺立在抢险最前线，力保道路畅通，守护行人与车辆安全。她视守护民众安全与城市运行为己任，于排涝"战场"勇当先锋。面对重重困难与挑战，她从不言败，勇往直前，彰显出卓越的职业精神与不屈不挠的坚韧品格。

荀笑红三十年如一日，在苦脏累险毒的环境下，始终坚守在排水一线工作岗位上。在工作中，她练就找井子无须翻图纸、砌井子可以方改圆、通管道能够一钩通等绝活儿。长年累月的超负荷作业及恶劣工作环境，让荀笑红累积了一身伤痛，历经7次封闭治疗、8次小针刀手术、3次咽喉手术及2次大型手术。长年在抢险一线风餐露宿，更使她饱受胃病困扰。然而，退休后她不忘初心，毅然接过排水集团党员志愿服务队队长的重任，带领党员志愿者，无偿服务群众，回馈社会，传承排水人的精神。荀笑红以一名共产党员的模范行为，书写着平凡岗位上的非凡人生篇章。

目 录

第一章　红色基因永流传

祖辈的荣耀

2016年6月的一天，一场急袭的特大暴雨席卷了哈尔滨的大街小巷，暴雨夹杂着鸡蛋黄般大小的冰雹铺天盖地地砸了下来。路面积水严重，大量污物毫无阻拦地奔向排水井，这不仅让行人难以通行，还给路过的车辆带来了极大的安全隐患。

身为哈尔滨排水集团顾乡所维修一工段段长的苟笑红收到消息，她所负责清掏的街区积水严重，亟须开展清排工作。到达现场的苟笑红看着被雨水所困的行人和车辆，心中焦急万分，当时已经46岁的她明明知道自己患有风湿性关节炎，但她没有犹豫，顶着大雨走进齐腰深的积水中，独自摸索着费力地打开了排水井盖。为了不让井盖再次闭合影响排水，她只能用尽全力抵住井盖，以身体作为"路标"引导过往的车辆。

那天下午，哈尔滨市民的微信朋友圈中转发着这样一张令人动容的照片：滂沱大雨里，只见一个身着红色工作服的"真人路标"伫立在齐腰深的积水中，不时指挥着行人和车辆通行。

夜幕降临，荀笑红长时间泡在雨水中的腿逐渐感受到难耐的刺痛。这些年风里雨里的清掏工作使荀笑红疾病缠身，光是封闭针就不知打了多少次。在即将支撑不住的恍惚时刻，透过瓢泼的雨帘，荀笑红仿佛看到了当年穿梭在敌人枪林弹雨中的姥姥姥爷，他们穿过时间的长河对她投来赞许的目光，耳边也传来了他们一直以来的教导——"红红，一定要做一个对人民有用的人！"荀笑红的家庭有着良好的红色基因，"忠于革命，忠于党"，祖辈的言传身教支撑着荀笑红走到今天。

荀笑红的姥姥姥爷是名副其实的老革命，曾在中国人民解放军第二野战军跟随刘邓大军南征北战，两位老人在革命中喜结连理，即使在转业后，也依然把革命传统和艰苦朴素的作风带到生活中来，他们用亲身经历为儿童时期的荀笑红上了人生的"第一课"。

哈尔滨的冬天很漫长，孩提时期的荀笑红最爱趴在暖烘烘的炕头上，在柴火燃烧的噼啪声中听姥姥姥爷讲故事。不同于其他小孩，荀笑红最爱听的是他们亲身经历的革命故事。

在讲完故事后，姥姥总会一边轻轻抚摸着她的头一边说："红红，你要知道，革命成果来之不易，我们要好好珍惜。"

荀笑红的爷爷能文能武，不仅于抗日战争时期在军中担任日语翻译，而且身手不错，年幼时的荀笑红曾听爷爷讲过，他年轻时徒手撂倒两个敌人不在话下。在新中国成立后，爷爷又

⊙ 上图 荀笑红的姥爷授衔照
⊙ 下图 荀笑红两岁半时和姥姥在哈尔滨松花江江边的合影

在一所中学担任日语教师，并始终坚定为人民服务的信念。他深耕教育事业几十载，退休前已任所在学校的校长，一生桃李满天下。

奶奶年轻时学习医学，新中国成立后，她依然坚守在救死扶伤的第一线。在荀笑红的印象里，奶奶是个性格坚毅、处事果断的人，不仅是家中的主心骨，更是工作中的主力军。如果用一个词来形容这位老太太，荀笑红脑海中首先蹦出的便是"要强"。

或许是从小在姥姥家长大的缘故，刚回到奶奶家准备上小学的荀笑红跟这位老太太不太亲近。可是正如歌词里所唱的——"长大后，我就成了你"，多年后，当大学毕业的荀笑红选择成为一名排水工人时，身边亲戚朋友的质疑声纷至沓来，那个当年与奶奶斗嘴的小丫头也继承了奶奶的这份"要强"，仰起头跟众人说道："这有啥不行的！别人行，我就行！"

奶奶一生自尊自强，荀笑红还记得一家人刚从父母下乡地双城县（今双城区）回到哈尔滨时，发现家里原有的房子被亲戚占用，面对他们强占房子不离开的无赖行径，奶奶没有多说什么。

奶奶知道说什么都没有用，便不再与他们过多纠缠，转头带着一家六口走出院子，在临时搭建的简易板房里住了好长一段时间。哈尔滨的秋天有很多花大姐（学名：瓢虫），荀笑红还记得板房外有一口装满水的大缸。正午时分，太阳照在水面上反射出五彩的波光，缸沿上落着又大又漂亮的花大姐。后来，奶奶的单位为奶奶分了一套平房，一家人才总算有了个真正能够挡风遮雨的地方。随着时光流淌，小笑红也就这样慢慢长大了。

多年后，虽然超负荷的工作让荀笑红病痛缠身，可是她的内心却是十分幸福和充实的，追根溯源，都是因为从小在祖辈身边接受的革命传统教育。姥姥姥爷的言传身教，在爷爷奶奶身边的耳濡目染，都让荀笑红继承了老一辈的革命传统，让她坚信——"只要是对国家、对人民有益的事，就该坚决努力去做。"

热爱唱歌的胖娃娃

1970年3月2日，洪亮的啼哭声回响在医院的走廊里，一个粉嘟嘟的胖娃娃出生了，这就是我们的主人公荀笑红。虽然荀笑红不是家里第一个出生的孩子，可当护士将这个胖娃娃从产房抱出来交到荀爸爸手上时，向来稳重的荀爸爸竟然激动得不知所措。苟爸爸将这个胖娃娃抱入怀中，脸上笑开了花。

在苟笑红的记忆里，父亲上知天文、下晓地理，是她崇拜的偶像。父亲从小学习成绩优异，德智体美劳全面发展，高中时曾经打破黑龙江省3000米长跑纪录，他画笔下的人物栩栩如生。苟笑红还记得小时候晚上与父亲在院子里看星星，父亲给她讲了许多天文知识。那时，在苟笑红的眼里，天上的星星都没有父亲散发的光芒闪亮，父亲就是无所不能的"超人"。

岁月流转，父亲依旧保持着那份对生活和工作的热爱。他依然会在闲暇时与苟笑红分享天文知识，也会在书房里静静地创作他的素描作品。在工作上，父亲更是一位刚正不阿的检察官，面对犯罪嫌疑人的恐吓威胁，他毫不畏惧，一生无私为民。父亲不仅是苟笑红的朋友，更是她一生学习的榜样。

那些年，父亲总是精力充沛，无论工作还是家事，他都处理得井井有条。每当苟笑红遇到困惑或难题，父亲总能及时出现，用他的智慧和经验为苟笑红指引方向。他的笑容和温暖的话语，是苟笑红心中最坚实的依靠。然而，岁月不饶人，即便是这样的强者，也无法摆脱疾病的侵袭。

2012年，父亲的病情日益加重，苟笑红白天在单位工作，晚上还得去医院陪护。父亲去世的那天，她早上从医院匆忙赶回单位，便带着班组同事到所负责的片区执行任务。工作时，苟笑红的心中始终惴惴不安，仿佛预感到有大事要发生。

⊙ 1987年，荀笑红与父亲在家中合影

上午10点左右，母亲打来了电话，她连忙接起来，就听到电话那头的母亲说："红红，你快回来，你爸快不行了，快来！"

等她赶到医院，医生的第一句话就是："已经没有医治的必要了，即使继续采取抢救措施也只会人财两空！"

荀笑红当时只觉得脑袋嗡的一下，腿一软瘫坐在地上，明明早晨自己上班前和父亲告别的时候他的精神状态还非常好，他还反复叮嘱："早上坐公交车的人太多，你可别迟到，要不赶紧打个车走吧。"可是这还不到一个上午，人就突然不行了？

荀笑红抹了抹眼泪，她不相信！她接受不了父亲已经无法医治的事实！

她跟医生说："大夫，我们无论花多少钱都要救！求求你救救我爸爸！"

可惜话音未落，显示生命体征的仪器已呈现一条直线……

在父亲离世后漫长的3年间，每当荀笑红触碰到父亲遗留的老照片时，泪水便不由自主地滑落。她凝视着那些泛黄的影像，思绪飘回与父亲共赏星空的温馨夜晚，那份纯真与快乐仿佛就在眼前。有时，她会独自坐在空旷的房间里，仿佛能听到父亲昔日的话语，于是轻声细语地与心中的"父亲"对话，倾诉着无尽的思念。

⊙ 荀笑红的父亲在北京颐和园留影

这份失去至亲的伤痛，成了荀笑红内心深处难以磨灭的烙印，每当夜深人静之时，父亲的容貌便清晰地浮现在她的脑海中，这份深深的思念与哀伤使她久久无法释怀。父亲的离世，让她深刻体会到了"自古忠孝难两全"的沉重含义，同时也让她更加敬佩父亲生前的伟大与无私，这股精神力量激励着她，让她在以后的人生道路上更加坚定自己的方向，勇往直前。

荀笑红的母亲是家中长女，出生于军人家庭的她从小就跟着父母四处征战。在抢渡黄河的时候，敌机跟着他们所在的部队一路轰炸，使得荀笑红母亲的左耳听力受到损伤，战争时期又没有条件进行系统的治疗，致使母亲的左耳留下了轻微的听力障碍。

在荀笑红与姐姐斑斓的童年画卷里，母亲是那执笔的巧匠，以无尽的爱为墨，以灵巧的双手为笔，绘就了一幅幅温馨而绚丽的图景。每到春节，母亲便以针线为弦，弹奏出一曲曲关于爱与梦想的乐章，那些亲手缝制的衣裙，如同绽放的花朵，将两姐妹装扮得如同年画里走出的精灵，引来无数羡慕的目光与称赞的声音。

童年时期的荀笑红，深受母亲多才多艺的熏陶，而在众多文艺爱好中，她对唱歌情有独钟。据母亲温馨回忆，荀笑红自幼便展现出了非凡的音乐天赋，小小年纪便能随母亲的歌声接龙，唱出许多动听的旋律。

年幼的苟笑红对京剧《红灯记》中李铁梅的唱段尤为痴迷，她常常用稚嫩而充满情感的嗓音，在家中的每个角落唱响："我家的表叔数不清，没有大事不登门……"每唱完一句，她还会模仿李铁梅的神态，对着墙上挂着的铁梅画像，用稚嫩的声音问道："铁梅，我唱得好不好？"她那憨态可掬的模样，总能逗得全家人开怀大笑，也让亲戚邻居们对她喜爱有加。苟笑红，这个活泼可爱的胖娃娃，成了全家人心中的"开心果"，用她的歌声与笑容，为家中带来了无尽的欢乐与温暖。

不拘小节的"假小子"

"小事不计较，大事不迷糊"，苟笑红认为自己从小就是男孩子性格，爽朗、不拘小节。街坊邻居都笑称她是个"假小子"。

男孩能做的她也能做。东北的父母向来是较为开明的，苟笑红的双亲从不限制苟笑红的发展方向，也并不认为女孩生来就比男孩略逊一筹，苟笑红在这样开明的家庭中长大，自然造就了她坚毅、果敢的性格底色。

荀笑红从小不仅动手能力强，领悟能力也不错，对于感兴趣的事情可以说是过目不忘。劈柴、脱煤坯、生炉子、剁鸡食、下菜窖、抹灰、砌砖、刷墙……自小学起，这些粗活儿她都干过。需要耐心的细活儿荀笑红也是上手极快，奶奶教她纳鞋底、絮棉花，母亲教她用缝纫机、绣花、做饭菜、蒸干粮……家里的大活儿小活儿荀笑红一学就能上手，到了小学四五年级的时候，放暑假在家的荀笑红已经能够给父亲做午饭了。

可是"假小子"在面对危险时也只是个孩子，也有脆弱的一面。

上小学以前，家人想通过练习武术锻炼荀笑红的体魄，磨炼她的意志。于是荀笑红就带着姥姥准备的点心，背着水壶，跟着一群哥哥姐姐去往东北林学院（现东北林业大学）随武术师傅练武。

由于年龄最小，武术师傅对荀笑红格外宽容，她想跟着哥哥姐姐们一起练就练一会儿，不想练就在附近找乐子自己玩儿。孩子的注意力总是不集中的，喜欢东看看西望望，练武场有几棵树她都数得清清楚楚。荀笑红现在还记得，最喜欢的是练武场旁边的秋千，她一边荡秋千一边唱歌，玩儿得不亦乐乎。有一次，荀笑红玩儿得忘记了时间，等到想起来要找姐姐时，却发现他们早就练完回家了。

⊙ 1986年，16岁的苟笑红于大连海边留影

　　天色渐渐暗下来，那时候，东北林学院的院子里还没有路灯，漆黑的夜像是要把人吞噬，小荀笑红一边哭一边沿着记忆中的路往家走。

　　扑通一声，荀笑红竟一不小心掉进了大坑中，她又痛又怕，在坑里哭了好久。不知过了多长时间，终于有一对中年夫妻经过，才把她救上来。

　　被救的荀笑红顾不上看清那对夫妻的样子，跟跟跄跄地摸索着回到家里。家人看着满脸脏污、衣服破烂的她，还没来得及细问，只见荀笑红抱着爷爷的腿就开始号啕大哭。

　　等到上了中学，荀笑红凭着自己的体育特长逐渐崭露头角。她刚到女子中学不久，就赶上学校要开运动会，班级的体育委员想让荀笑红报名参加一些体育项目，于是便问她有没有强项。荀笑红说："我也不知道我哪个是强项。要不就这样吧，你让同学们先报名，剩下的没人报名的项目我来报。"

　　本就因为无人报名而头痛的体育委员眼睛一亮，看荀笑红的眼神仿佛是看到了救星，于是那次运动会荀笑红在班长的安排下参加了铅球、铁饼、标枪、跳远、跨栏、接力赛等六项比赛，一共获得了四个第一名，两个第二名。

　　当荀笑红拿着一堆奖品回到班级时，同学们兴奋极了，纷纷上前祝贺。荀笑红至今还记得奖品是四个飞盘和两条毛巾，最后她只留了个飞盘，其余的奖品都分给了同学们。

那场运动会还有令茍笑红至今难忘的一件趣事。因为当时运动会场地的比赛空间和使用时间有限，所以标枪比赛和铁饼比赛就提前在校园里完成。第一轮掷铁饼比赛开始后，大概是觉得一群中学生不可能掷那么远，于是裁判老师没有站在规定的位置，只是站到离操场较远的围栏边记录成绩。

茍笑红虽然没有系统学习过掷铁饼的标准动作，但是她力气大，上场后，拿起铁饼直接扔了出去。只见铁饼直奔裁判老师飞了过去，老师吓得赶紧跑向一边，随后当着所有比赛选手的面对茍笑红说："你不用比了，你肯定是第一名了。"

参加工作后，茍笑红成了一名排水工人，在这个以男性为主要劳动力的地方，茍笑红用自己坚毅、勇敢、大方的品质赢得了所有人的尊重。

文体俱佳的"小豆包"

"一年级小豆包，一打一蹦高。"

上学第一天，"小豆包"荀笑红就拒绝了家人接送的提议，一个人背着小书包，蹦蹦跳跳地唱着歌去学校。荀笑红还记得邻居家有个和她同龄的男孩子，姐姐不送就不去上学。小荀笑红看不上他哭哭啼啼的样子，每次上学时的脚步都跳得更欢，唱歌的声音更大！

刚上小学的荀笑红还不太适应学习环境，因此学习成绩中等。不过从一年级下学期开始，她的学习成绩就一直名列前茅。与现在相比，那时的荀笑红性格还较为内向，可是珍珠又怎会埋没在沙砾中呢？不知不觉中，荀笑红还是用自己的人格魅力和领导能力成了同学们的"领头羊"。

从小学二年级开始，她的演唱特长被同学们发现，自然而然地，荀笑红被选为课间集体舞的音乐伴唱。每当上午第二节下课，全校学生总能听见学校的广播喇叭中传出音乐老师的声音："二年六班的荀笑红，请马上到广播室来。"

因为在音乐方面有些特长，学习成绩也好，荀笑红被学校选入了舞蹈队。可是荀笑红不太喜欢跳舞，因此每天很不情愿地压腿、抻筋、下腰……别人是"开筋"，荀笑红只感觉"抽筋"；别人是"绷脚背"，荀笑红是"真不会"，一天下来，练得她头晕目眩、肌肉酸疼，越练越不开心。

每当跳得不开心时，荀笑红就喜欢到旁边的鼓号队听同学们打鼓点。鼓号队的演奏整齐划一，节奏鲜明。大鼓的声音如同钟声一般，深沉悠远；小鼓的声音如爆豆一般，轻快激昂。各种乐器的声音交织在一起，和谐悦耳，在荀笑红听来，没有比这更令人心潮澎湃的艺术了！

舞蹈老师也看出了荀笑红的渴望，同意她转去了梦寐以求的鼓号队。鼓号队乐器很多，荀笑红在其中最喜欢大鼓，它浑厚的声音穿透耳膜，让人感到肃穆和威严。只不过刚刚进入鼓号队的荀笑红只能从小鼓开始学起，可她天生乐感强，在练习打小鼓的同时，默默记住了大鼓的节拍，最终如愿以偿地被选中去敲大鼓。

体育方面，荀笑红遗传了父母个高腿长的良好基因，身体素质相对较好，因此被体育老师挑中，专攻跨栏。训练80米栏时，荀笑红的最好成绩是12秒55，与学校的历史纪录非常接近。荀笑红不仅跑得快，跳得也高，跳皮筋时，她总是跳得最高的那一个。跳绳、跳远、跳高都不在话下！这也使得同学们一起玩耍时争抢着要和荀笑红一组。过硬的身体素质也为荀笑红日后参加生产劳动打下了坚实的基础。

求学路上的"向阳花"

小学里文艺体育两开花的荀笑红没有想到，中学时期的求学之路竟会如此坎坷。

小升初时，荀笑红仅以1.5分的差距与重点初中失之交臂。当被分到离家远、校风口碑又一般的普通初中时，荀笑红难掩失落。初中生活在各个方面都与小学不同，荀笑红刚入学时有些"拔剑四顾心茫然"，因此导致成绩不理想。家人看在眼里，急在心头，便想办法给她转学到邻区的另一所中学。

一位好老师会使学生受益终身，在这所学校里，荀笑红找到了自己的良师益友。她的班主任是市级优秀教师，在班主任的耐心辅导下，荀笑红的学习成绩迅速提升，数学、俄语多次满分，语文作文更是每次都被评为一等文，她还被选为俄语课代表。可是"金无足赤，人无完人"，荀笑红的理科相比于文科薄弱很多，密密麻麻的符号在她眼中像是一堆乱爬的小蚂蚁。尤其是化学，她越学越糊涂，越学越不愿意学。

◉ 1987年，17岁的荀笑红于大庆公园留影

因为偏科，荀笑红的中考成绩不太理想，以4分之差又与重点高中擦肩而过。荀笑红没考上重点高中，家人商量后便决定让她去考幼儿师范学校。这次，荀笑红不负众望，拿到了术科测试满分的好成绩，全家人都很开心。但是每年900块钱，3年将近3000块钱的学杂费又让她望而却步。那时候3000块钱对于一个普通家庭来说是一笔不小的开支。当荀笑红偷听到母亲在四处找人借钱交学费时，从小就非常懂事的她，毅然决然地选择去一所普通高中就读。

1986年，在改革开放浪潮的推动下，荀笑红又在高一下学期转学到当年全省唯一的女子高中进行职业技术训练，修习美容美发专业。学校课程紧凑，还支持同学们跨专业修习，所以在学习必修的课程之外，荀笑红还选修了摄影、服装制作、心理学、健美操等一系列课程。

由于这所学校是女子高中，因此校风校纪非常严格。每天早上，校长和教导主任都会在学校大门口进行严格的检查，只有通过检查的学生才能进入校园上课。衣着打扮、发型发饰、个人卫生检查得面面俱到，细致到连书包的款式都有严格的要求。荀笑红至今对那些校规仍记忆犹新。

首先，学生上学不能穿着过于新潮的服装，如当时特别流行的喇叭裤、萝卜裤、蝙蝠衫等。

其次，除了美容美发专业的学生外，其他专业的学生不能

⊙ 荀笑红（后排右一）与老师和同学参加运动会合影

烫发、剪超短发或染发。

此外，学生的书包必须是学生专用的款式，不能使用与公文包样式相似的书包。这是因为学校希望学生能够专注于学习，而不是过于注重外在，形成攀比之风。

最后，学生们的手指甲也不能留长。下课期间，老师甚至会拿着指甲钳在班级里逐个检查，如果发现有学生留长了手指甲，会立即要求修剪。这也是为了让学生保持整洁，养成良好的卫生习惯。

"无规矩不成方圆，有敬畏才知行止。"在学校的严格要求下，荀笑红也逐渐习惯了这种井井有条的生活。早晨，当第一缕阳光透过窗帘洒在她的床头时，她便早早地起床，整理好床铺，开始新的一天。在食堂里，她与其他同学一同排队打饭，严格遵守着食堂的规章制度。在课堂上，她认真听讲，积极发言。

在求学的过程中，荀笑红像一朵向阳花，拼命地汲取一切有益的知识。在学校所接受的严格教育，更是培养了其坚韧不拔的意志和勤奋刻苦的品质。在这漫漫求学路中学到的知识和经验、磨炼出的意志品质，成了荀笑红取之不尽、用之不竭的宝贵财富。

第二章　初生牛犊不怕虎

难忘的代课生活

1988年，荀笑红刚刚从女子高中毕业那会儿，曾经在姑姑的推荐下，在哈尔滨公滨小学做代课老师。

喜欢孩子的荀笑红，很快就适应了工作环境，积极和老教师沟通，努力学习教育教学知识，快速掌握了教学的方式方法。荀笑红性格爽朗爱笑，非常喜欢和孩子们打交道，孩子们也感受到了老师对他们的喜爱，有什么心事都会跑过来悄悄和她说。下课铃声一响，孩子们叽叽喳喳地围着荀笑红，一声声"荀老师"叫得荀笑红心里无比自豪。

在班级中有一个特别淘气的小男生，名叫姜涛。他的顽皮程度让其他老师都感到头疼。姜涛是一个十分机灵的孩子，他善于观察和理解他人的情绪。他知道其他老师对他的淘气行为感到头疼，但为了博得大家的关注，他还是会故意去调皮捣蛋。荀笑红注意到了姜涛的表现，为了改变他，荀笑红在课堂上特意提出一些简单的问题让姜涛回答，每当他答对时，都会给予表扬和鼓励。

⊙ 1988年，18岁的荀笑红于哈尔滨太阳岛留影

渐渐地，姜涛在课堂上的注意力越来越集中，他开始对学习产生兴趣。而他与荀笑红之间的信任也越发深厚。有一天，荀笑红在课堂上说："姜涛，你知道吗？每个人都有自己的闪光点，只要我们用心去发现，就能找到属于自己的光芒。"姜涛听着荀笑红的话，心中涌起一股暖流。

在荀笑红的课堂上，他专注地听讲，积极地发言，有时甚至会主动帮助其他同学。这让荀笑红感到十分惊讶，也让熟悉他的同学和老师对他刮目相看。

荀笑红认为姜涛之所以在她的课堂上表现得好，是因为他感受到了老师对他的关注和理解。荀笑红并没有因为他之前的淘气行为而对他产生偏见，而是用耐心和关心去引导他，鼓励他发现自己的优点。这种正面的激励让他感到被重视，也让他更加自觉地遵守课堂纪律。

通过与姜涛的互动，荀笑红深刻认识到每个孩子都有自己的特点和需求。作为老师，应该用全面的眼光去看待学生，发现他们的优点，鼓励他们克服不足。只有真正关注和理解每个孩子，才能激发他们的潜力，帮助他们成为更好的人。教育的目标不仅仅是传授知识，更是培养孩子的品格和能力。在这个过程中，教师一定要有耐心，给予关心，心怀理解，去引导每个孩子健康成长。

辛苦的农场历练

老师才当了半年有余，1989年开春，荀笑红的母亲为了锻炼她，把19岁的荀笑红送到青年农场参与生产劳动，这段历练之旅让荀笑红终生难忘，也是促使荀笑红从一名文艺女青年转变为一名排水工人的重要准备时期。

入农场伊始，荀笑红还记得农场里全都是和她差不多大的青年男女，彼此不相熟。荀笑红那时正在研修大专课程，闲暇时她便独自找个僻静处爬上墙头，坐在上面看俄语书学习俄语。在这里，荀笑红可以专心致志地学习，不受任何人的干扰，她无比享受这种充实自我的感觉。

荀笑红初入农场便被安排到了零工一组。干零活儿是最锻炼人的。在那里，她体验了各种各样的劳动，从打料到修建猪舍，从去木材厂拉锯末子到种地、除草、收菜，从拉料装卸到刷鱼塘，再到铲鸡粪、刷鸡舍和猪舍，每一项工作都是对体力和意志的极大考验。修建猪舍的工作尤为辛苦，荀笑红曾经亲手一块一块地搬砖头铺设地面，用能承载约15公斤的大铁锹将沙子传递到一米多高的猪舍内，还从事了灌浆、铺地面以及砌墙等一系列繁重的劳动。但她从未退缩，因为她明白，这些都是对她成长的磨炼。

苟笑红从小最恐惧的便是虫子和老鼠。人生前19年她都生活在城市里，自然见得少，可是自从进入农场，害怕虫鼠的她可谓"备受折磨"。

苟笑红至今还记得她第一次打料的经历。那天，场长给他们几个零工的任务是一天打出10袋玉米。她和3个同伴忙得脚打后脑勺，一上午才完成了4袋。中午，他们吃了一口饭，就又赶紧回到岗位上继续工作。打料时，粉碎机里不断喷出的粉尘呛得她几乎窒息，而头顶的天棚里不时传来的窸窸窣窣的声音更是让她心生好奇。作为新人，她不禁向比她先来到这里工作的同伴打听。同伴们若无其事地告诉她，那声音是老鼠弄出来的，有时候一不注意，老鼠就会从上面掉下来。对于苟笑红来说，这比任何恐怖片都要吓人，因为她最怕的就是虫鼠。整个下午，她都在惶恐中度过，幸好没有让她看到老鼠。

然而，恐惧并未就此消散。当苟笑红正在粮囤上装苞米时，突然感觉粮囤下面有东西在活动。她低头一看，只见一只硕大的老鼠出现在眼前。苟笑红坐在粮囤上，说什么也不肯下来了。那一刻，她的心中充满了恐惧，但同时，她也明白了劳动的艰辛和农场生活的不易。

　　这还不算什么，最让荀笑红感到惊恐的是这样一段经历。一次，荀笑红被场长派去茄子地里摘茄子。穿好靴子后，她进入了地里，却没想到，从地里出来时，发现自己的腿上挂着好几只毛毛虫。她惊恐万分，嗷嗷大叫，边甩边跳。幸运的是，附近干活儿的几个小伙子听到她的尖叫声，急忙冲过来将虫子从她身上打落下来。

　　不仅虫鼠让荀笑红难以适应，繁重的工作也使荀笑红难以招架。为了方便打扫鸡舍，农场需要在地面铺上大量木屑来阻隔污物，她和其他几名零工被安排去木器厂拉锯末子。木器厂里有一个巨大的罐子用来收集车间里的碎木屑。这些木屑通过车间的管道直接喷到罐子里，每次喷完后罐子会停机5分钟，然后再次启动循环。荀笑红和其他工人需要利用这停机的5分钟，迅速进入罐子装锯末子。

　　这5分钟对于他们来说可谓"度秒如年"。罐子里木屑飞扬，使得他们在罐子里几乎无法睁眼，更别提顺畅呼吸了。尽管他们戴了口罩，但那些木屑仍然会钻进鼻孔、喉咙，甚至灌入肺中。每次从罐子里出来，荀笑红全身从里到外都是木屑，又呛又痒。在荀笑红和同伴们去洗脸时，木器厂的工人们惊讶地问："你们单位怎么能让女孩子出来干这种活儿？"

　　不久，荀笑红的嗓子就哑了，讲话变得非常吃力。之后的一周里，荀笑红的嗓子都没有恢复过来。她深深体验到了劳动的艰辛，以及艰苦环境下工人们的坚韧和不屈。这段经历让荀笑红更加珍惜自己的身体，也让她更加理解那些在艰苦环境下工作的工人们。

以上这些活儿，荀笑红还可以忍受。她最受不了的就是装鸡粪。农场里的鸡舍位于二楼，那里有一个通道口，鸡粪就从那里推出来，堆在舍外的地上。荀笑红需要将这些鸡粪装上车，然后拉走。

荀笑红还记得第一次进入鸡舍的情形。那里弥漫着一股令人作呕的气味，是她从未闻过的一种恶臭。猪舍的臭味她都能忍受，鸡粪的气味却让她几乎无法忍受。她看着那些鸡粪，感觉恶心至极。然而，她不能逃避，只能硬着头皮去完成这项工作，忍着不适走进鸡舍。成坨的鸡粪堆在地上，荀笑红不仅需要将脚踩在上面，还要一锹锹地将其撮起装车。这个过程让她浑身都是鸡粪味，这股味道让她感觉好像要把五脏六腑都吐出来了。

在农场的日子里，荀笑红的体重也有了明显的变化。进农场一周时间，她瘦了3.5公斤。因为她小时候不喜吃肉，也闻不得肉味，而农场食堂做菜用的是荤油，再加上难以适应身上那股鸡粪的味道，所以荀笑红最开始几乎每天都吃不下饭。但她知道不能再这样下去，因为他们干活儿太累，只有好好吃饭保持体力，才能完成工作。于是，她强迫自己吃东西，努力适应这份工作。后来，她开始调整自己的状态，饭量渐渐增大，身体慢慢变得健壮，体质也越来越好。

多年之后，苟笑红在提及这段农场经历时坦言："这是我人生中最宝贵的历练，虽然在农场工作的时间不长，但说实话，要是没有在农场这几个月的历练，我还真不可能在排水一线的岗位上踏实地走下去。"

在农场，不分男女，大家共同劳动，共同进步，每个人都是一样的劳动者。苟笑红干的活计琐碎而繁重，但她从不退缩，始终保持着乐观的心态。

众多零活儿中，苟笑红最喜欢种地。因为她觉得这份工作既没有那么累，又不必受领导的监督，比较自在。种地时，她和同伴们分工合作，有的刨坑，有的培土，而她负责撒种，大家干得既轻松又开心。更有趣的是，布谷鸟总是在她撒种的时候发出"布谷"的叫声，与她默契十足。

干零活儿的人突出的就是"灵活"二字，除了种地、割草、打料、洗刷猪舍、鸡舍，苟笑红还要充当装卸工。一块喂鸡用的豆饼大概有30公斤重，每次卸车，苟笑红和同伴们少说也要卸上百块。卸玉米的时候更夸张，一大麻袋玉米将近100公斤，苟笑红和另外一位女同伴两人抬一袋，男同伴们见了都佩服不已。

那时，为了方便割猪草，苟笑红和同伴们经常需要翻墙头。起初，苟笑红还有些不适应。可是随着时间的推移，她渐渐习惯了墙头的风光。甚至有时候，在别人中午休息时，她会一个人悄悄爬上墙头，坐在上面看书，等待微风吹过面颊，阳光亲吻她的发梢，享受着独属于自己的片刻宁静和自由。

还有一次，场长让苟笑红和同伴们去掰玉米。作为一群城里来的孩子，大家都不知道如何判断玉米是否成熟。苟笑红自作主张地让大家看须子，说发黑的须子就表示玉米已经成熟了。于是，大家兴高采烈地掰了2000多穗玉米。然而，场长一检查，发现有一多半玉米都是未成熟的。后来，场长在他们每月几十元的工资里扣除了一部分，以此作为给农场的赔偿。虽然这件事让当时的她感到有些沮丧，但现在回想起来，那段挥洒青春的日子也充满了她和同伴们的欢声笑语。

农场的故事还有很多，每一个故事都饱含着她的汗水和泪水，但也给她带来了欢笑和希望。苟笑红在农场工作的这段经历，让她养成了不畏艰苦的优良品质。那些美好的回忆，成了她人生中最珍贵的财富，让她更加坚定了自己的信念，也为她的职业生涯奠定了坚实的基础。

艰辛的入行经历

饱受歧视的行业偏见

在荀笑红最初接触排水行业的时候，社会上正流行着这样一句话：三百六十行，行行都比掏马葫芦强！

马葫芦是东北的方言，指带盖的下水井。因为排水工人多与这种下水井打交道，所以人们也用"掏马葫芦的"指代排水工人。荀笑红起初不懂排水工人为何受人歧视，在她看来，三百六十行，行行出状元。行业只有类别之分，没有高低贵贱之别。直到后来她在30年的排水生涯中亲身经历了老排水人告诉她的各种"难"：面子难看、对象难找、工作难干……她这才真正体会到作为一名排水工人的不容易。

当年了解排水行业的人很少，知道的也往往称呼排水工人是"掏马葫芦的"，就连大家投向他们的眼光都带着嫌弃和鄙夷，人们对排水工人的歧视和误解让荀笑红和同事们的内心受到深深的伤害。荀笑红清楚地记得有一次，她在清掏排水沟时，一位妇女带着一个三四岁的孩子从作业现场经过。这位妇女指着苟笑红和她的同事对孩子说："看见没？你将来要好好学习，学习不好长大后就得干这个！"这句话深深地伤害了苟笑红，她感到自己的工作被贬得一文不值。

苟笑红一直非常努力。1997年，她取得了本科学历，成为当时全省排水一线唯一拥有本科学历的工人。她希望通过自己的努力，改变人们对排水工人的看法，可现实却并未如她所愿。苟笑红和同事们的工作既辛苦又危险，需要长时间弯腰驼背，在恶臭的环境中劳作。然而，他们的付出并没有得到应有的尊重和认可。有时候他们也会自我调侃：好好学习啊！学习不好将来就掏马葫芦！这种自嘲的背后，是他们无处宣泄的无奈和失望。

苟笑红希望人们能够客观公正地看待排水工人和排水行业。他们并不仅仅是人们眼中那些"掏马葫芦的"，而是一群有着专业知识，为了城市排水事业默默奉献的工人。他们的工作同样重要，同样值得被尊重。苟笑红相信，只要他们继续努力，用自己的实际行动证明自己的价值，总有一天，人们会改变对排水工人的看法，他们的工作也会得到应有的尊重和认可。

难以适应的生理本能

1990年12月，20岁的荀笑红做好了前期准备，带着对未来的憧憬和一丝不安来到了城市排水部门，开始了她作为一名排水工人的职业生涯。荀笑红的父母从小就教育她，无论从事何种工作，都要尽心尽力，要对得起国家和人民。因此，当她得知自己被分配到排水一线岗位时，尽管心中有所顾虑，但她还是坚定地告诉自己："我要做一个对国家、对人民有用的人。"

荀笑红上岗第一天的工作任务是跟随老工人们一起去掏井子。老工人提前告诉她井下都是一些粪便垃圾、蚊蝇蛆虫，但她仍然保持着新奇和兴奋的心情。然而，当她打开井盖，扑面而来的臭味和井下一团团蠕动的蛆虫，立刻让她感到汗毛直立，她瞬间明白了老工人所说的"外面的世界很精彩，下面的世界很无奈"的含义。

尽管如此，荀笑红并没有被这种恶劣的环境吓倒，她想起了祖辈的教诲，很快鼓起勇气，克服了心理障碍。她告诉自己，这就是自己的工作，革命工作不允许"挑肥拣瘦"，自己要全心全意为人民服务。

初入职场，荀笑红面临着诸多挑战，其中之一就是下井作业。尽管班长提醒她，通常需要3年左右的工作经验才能进行这项工作，但荀笑红毫不犹豫地递交了申请。她坚信，只有亲身体验，才能真正理解和融入这个岗位。

经过3天的认真学习与观察，荀笑红迎来了她的第一次下井清掏任务。工作结束后，她的脸上溅满了污泥，但这并没有让她感到不适，反而让她感到无比的快乐。她谢绝同事的帮助，不愿擦拭脸上的泥点，因为这些泥点是她突破自我、真正成为一名排水工人的证明。

荀笑红努力学习掏井、清理堵塞、检查管道等各种技能。她每天都很早到达工作岗位，认真完成工作任务。她不断向老工人请教，进步很快。在她眼中，这份工作虽然辛苦，但十分有意义。

30年时光荏苒，荀笑红从一个青涩的小姑娘成长为一个经验丰富的老阿姨，也从窈窕淑女变成了女汉子。在这个过程中，她经历了社会的各种磨砺，岁月给她带来了满身伤病，但也塑造了她坚韧不拔的性格。

荀笑红的成长历程充满了奉献和自我牺牲。从小，她的家人就教育她要为国家和人民作出贡献，要有奉献精神，要多为他人着想，多帮助有需要的人。这些教诲深深地烙印在她的心中，影响着她的一生。她对工作的执着和热情，对同事和社区居民的关心和帮助，都体现了她内心的善良和无私。

荀笑红的儿子继承了她的这种精神。作为母亲，她用自己的实际行动将奉献精神传递给了下一代。她的儿子在她的影响下，也成了一个有责任心、有爱心的人。

荀笑红是无数坚守岗位、默默奉献的劳动者的代表，她用自身行动告诉我们，无论在哪个岗位，只要我们用心去做，都能成为对国家、对人民有用的人。她的故事是勇气和坚持的见证，是奉献和自我牺牲的象征。她是值得我们学习和尊敬的榜样。

第三章　淤泥之中莲盛开

巾帼不让须眉的小老五

人生新起点——嵩山所

1995年，调到哈尔滨排水集团嵩山所时，荀笑红25岁。虽然当时已经结婚生子，但是正值青春好年华的荀笑红仍然活力满满、光彩照人。因此，当时身边有许多人不解为什么她要干这份"脏活儿"。荀笑红每天穿着工作服，骑着自行车穿梭在城市的街头巷尾，干着掏马葫芦的工作。

荀笑红还记得有一次，刚结束了一天工作的她正骑着自行车回班组，阳光洒在她的脸上，凸显出她青春靓丽的面庞。她一手握着车把，一手拎着铁锹，风驰电掣般地狂蹬着自行车，仿佛一只自由的鸟儿。突然，一位交警出现在她的面前，示意她停车。荀笑红一愣，心想："难道我违反了交通规则？"她停下车，交警走了过来问道："女同志，你好！你这样骑车太危险了，是有什么急事儿吗？"

荀笑红听闻立即从自行车上下来，不好意思地挠挠头，说道："不好意思，交警同志，我着急回班组，骑得快了一点儿，下次一定注意！"

交警同志一边看着荀笑红一边犹豫地问道："你……是荀笑红吧？"

荀笑红定睛一看，脸霎时红了。原来这位交警同志是荀笑红的学长，在这种情况下再次相遇，荀笑红顿时羞得想要挖个地洞钻进去。

"是的，学长，我是荀笑红，好久不见。"荀笑红回复道。

交警同志一脸惊喜地问道："毕业之后就好久没见了！你现在在干什么工作啊？"

"我在嵩山所当排水工人。"荀笑红说道。

"排水工人？"显然，他对荀笑红从事的工作感到不解。

荀笑红笑了笑，轻轻地说道："对，这是我选择的职业，我觉得没什么不好的。"

学长看着她，眼中充满疑惑地问道："你这么年轻漂亮，怎么看都不适合这个职业。"

荀笑红笑了笑，她已经习惯了别人的疑问。然而，她并不在意。"这是我热爱的工作，我愿意为它付出努力。"荀笑红坚定地说道。

学长看着她，眼中浮现起敬意。他点了点头，不再说什么，只是默默地放行。

荀笑红重新骑上自行车，消失在街道的尽头。她知道，无论别人如何看待她的工作，她都会坚持下去，因为她相信，每一份工作都有其存在的价值，每一个人都有权选择自己想要的生活。

在嵩山所，荀笑红与同事们共度了许多难忘的时光。回忆起那时的场景，荀笑红侃侃而谈："我们的班组就像一个大家庭，墙上'行为高，心灵美，一生奉献给排水'的标语时刻激励着我们坚守岗位。我每年都获得单位的先进表彰，那些证书和奖品都是我辛勤付出的见证。"

荀笑红从不吝啬，总是慷慨地分享自己的东西，不计得失，她笑着回忆："无论是上学时获得的运动会比赛奖品，还是上班后拥有的各种物品，我都乐意与大家分享。在嵩山所的那几年，我和同事之间的关系格外融洽，感情深厚。"

那个时候，在荀笑红所在的班组里，所有的哥哥姐姐们都亲切地称呼她为"丫头"。他们常常赞赏她说："这丫头聪明伶俐、能力出众，性格非常好，既幽默又大气，特别招人喜欢。"

荀笑红在嵩山所的日子里，不仅与同事们建立了深厚的感情，还收获了宝贵的人生经验。她深知，自己的成长离不开同事们的关爱和帮助。因此，她始终怀着一颗感恩的心，用自己的行动回报这个温暖的大家庭。

在工作中，荀笑红不断提升自己的业务水平，为单位和同事们的进步贡献自己的力量。她勤奋敬业，乐于助人，赢得了同事们的尊敬和喜爱。在生活中，荀笑红是个乐观开朗的人，她总是能带给同事们无尽的欢乐。她的幽默和大气，使她在同事中建立了良好的人际关系，大家都很喜欢和她在一起。

荀笑红在嵩山所的岁月里，不仅收获了荣誉和友谊，还找到了人生的意义。她深知，自己的一生都要献给排水事业，为我国的排水事业贡献自己的力量。回忆起在嵩山所的时光，荀笑红满怀感激。她深知，那段日子对她的人生具有重要意义。在嵩山所，她学会了如何做人、做事，找到了人生的信仰和方向。

今天的荀笑红，已经成为我国排水事业的一名优秀工作者。她始终牢记"行为高，心灵美，一生奉献给排水"的宗旨，为实现自己的人生目标而努力奋斗。在她身上，充分展现了嵩山所精神风貌，她是无数同事学习的榜样。

荀笑红说："嵩山所是我人生的一个新起点，那里的同事们都是我人生中最重要的亲人。我将永远怀念那段美好的时光，并以此激励自己不断前行。"

荀笑红的人生因嵩山所而精彩，她将永远铭记那段难忘的岁月，用自己的实际行动，为我国排水事业贡献自己的力量，书写属于她的传奇人生。

⊙ 1996年，26岁的荀笑红在嵩山所工作时午休期间拍摄

工作上的四位哥哥

在过去，排水一线的班组都会配备一些有益身体健康的保健酒，排水工人长年累月地在阴暗潮湿的井下工作，每次下井工作回来后喝一点酒不仅可以暖身，还可以起到杀菌的作用。因此，荀笑红刚刚调到嵩山所班组的那天，班长也按照往常的习惯，在午饭时间给大家倒上一碗酒。荀笑红当时并没有多想，以为这是班组的传统，所以二话没说拿起来痛快地喝了起来。

暖流随即从喉咙扩散至全身，她感到前所未有的舒适，整个身体迅速暖和起来，好不过瘾，一口气便把整碗酒全喝了。

眼见荀笑红"豪饮"满满一碗酒还喝得如此轻松，同事们都瞪大了双眼，不可置信地问她："哎哟！这小丫头一口气就把酒全喝了！不晕吗？"

只见荀笑红摇摇头不解地回答道："不晕啊！这个酒度数很高吗？感觉像水一样，没什么味道。"

听闻此话，班长笑着说："荀笑红，你这个小丫头，酒量真是让人佩服！"荀笑红羞涩地笑了笑，心里暗自欣喜。

在嵩山所工作期间，荀笑红所在的班组只有四位男同事，班长认为荀笑红不仅能"喝"，还和男同事们一样能"干"，因此，这五位出色的员工被大家亲切地称为"哥儿五个"。荀笑红作为最年轻的一员，也有了自己的代号——"小老五"。

大哥是排水系统的老员工，他为人稳重，责任心强。虽然平时话不多，但是对待工作一丝不苟，总是默默地完成着自己的工作。他从不抱怨，用实际行动影响着荀笑红。在大哥身上，荀笑红看到了默默无闻、任劳任怨的品质。

二哥则是队伍中的技术担当，他拥有丰富的设施维修经验，头脑灵活，善于解决问题。荀笑红从他身上学到了许多设施维修的技术和技巧。二哥的聪明才智使得他在面对问题时总能迅速找到症结，为团队节省了大量时间和精力。

三哥则是队伍中的英勇代表，他胆大心宽，敢于面对危险。荀笑红曾亲眼看见他在井下只差几秒钟就会被管道涌出来的水呛到，幸好他身手敏捷才能迅速逃脱。周围的同事提起这件事来都心有余悸，荀笑红也在那一刻深切体会到了安全生产的重要性。

荀笑红和四哥年龄相仿，两人只相差一岁。因此，荀笑红每天都和四哥一起争着下井、抢着干活儿。作为年轻人，他们思想前卫，常常在工作中寻找窍门，使得任务完成事半功倍。有时，他们也一起调皮捣蛋，比如将镜子放在窗台上调好角度，让反射的光正冲着门口，所有进来的人都会被晃到眼睛，而没人会想到是他们故意为之。

在这四位哥哥的关爱和帮助下，荀笑红迅速成长为一名优秀的排水工人。她不仅掌握了丰富的排水知识，还拥有了面对困难时勇往直前的勇气。苟笑红深知，是团队的力量让她在嵩山所这片土地上茁壮成长。

时光荏苒，岁月如梭。如今的苟笑红已不再是那个初出茅庐的小姑娘，但她对那段刚入行的经历仍心怀感激。她感激四位哥哥对她的关爱和帮助，也会将他们身上宝贵的品质和技艺传承下去，为我国的排水事业贡献自己的力量。

人生第一次"开刀"

长时间在繁重的体力劳动中摸爬滚打，苟笑红肩上的工作压力如同巨石般沉重。随着岁月的流逝，她的身体逐渐发出了警告信号。起初，她只是在工作间隙感到小腹隐隐作痛，以为是劳累过度，不以为意。然而，疼痛并未因时间流逝而消退，反而愈演愈烈，像是一只无形的手，紧紧地揪住她的下腹，病痛的折磨甚至让她整夜难以入睡。

面对身体的抗议，苟笑红不得不暂时放下手中的工作，前往医院寻求医生的帮助。然而，医生的诊断结果却像一记重锤，狠狠地砸在了她的心头——她竟然患上了胰腺炎。在医生的建议下，苟笑红不得不接受两天的消炎针治疗。虽然身体疲惫不堪，但她仍然回到了工作岗位，与同事们并肩作战。

当时正值排水设施更新换代的关键时刻，苟笑红与同事们肩负着将沉重的铁箅子全部更换为轻巧的树脂箅子的艰巨任务。那些铁箅子，每块都有二三十斤重，仿佛是一座座小山，压得人喘不过气来。有的同事在地面上挥汗如雨地工作着，荀笑红则负责搬运工作，在车上与这些铁疙瘩较劲儿。经过整整三天三夜的不懈努力，繁重的工作接近了尾声。可是荀笑红却因为过度劳累身体不堪重负，出现腹痛剧烈的状况，她再也忍受不住，只能蜷缩在地上痛苦地呻吟着。

同事们见状纷纷上前关心询问，最终合力将她送往医院。经过一系列详细的检查，医生严肃地告诉她：腹痛的根源并不是胰腺炎而是阑尾炎，情况危急，必须立即进行手术。

手术室内，荀笑红躺在冰冷的手术台上，心中五味杂陈。对于她来说，这场手术无疑是她人生中的第一次"开刀"。面对未知的手术和可能出现的风险，她感到前所未有的紧张与不安。不过，医生和护士们专业而温柔的态度让她稍微安心了一些。随着麻醉药缓缓流入身体，她的意识逐渐模糊，陷入了沉睡。

几个小时后，荀笑红慢慢苏醒，看到家人和同事们围在她身边嘘寒问暖，听到要好的朋友趴在她耳边轻声问她疼不疼，原本还在强撑的荀笑红鼻头一酸流下泪来，虽然身体依旧虚弱无力，但是她的内心却满是幸福和感激。她非常感激医生用精湛的医术治好了自己的病。术后，医生还拿来了切除的阑尾照片让她看，告诉她如果再晚一点就医，很可能出现穿孔从而引发生命危险。荀笑红看着照片里那个已经充血变形的阑尾，心中的感受难以言喻。

在康复的日子里，荀笑红真正感受到了生命的脆弱，她也终于能够安安稳稳地躺在病床上，停下来反思自己的身体状况，也让她更加珍惜眼前的生活和身边的亲人朋友。看着医院里的悲欢离合，她暗暗下决心：从此以后要更加关注自己的健康，一旦身体发出病痛的信号就一定要及时去医院就医。可身担排水工作的她往往"身不由己"，雨情就是命令，排水工作需要排水人"时刻准备着"！

扫码解锁
◎AI阅读助手◎群英颂歌
◎初心守护◎铸就辉煌

勇挑重担的干部子女

青出于蓝而胜于蓝

1998年，哈尔滨市不幸遭遇了特大洪水的侵袭，整个城市仿佛成了一片汪洋。荀笑红当时还在嵩山所工作，是所属班组的一名突击队员。洪水来临后，她和同事们日夜奋战在抗洪一线，甚至几天几夜都无法回家。

荀笑红的母亲时任顾乡所党支部书记兼主任，临危受命成了顾乡所的总指挥。总指挥一职责任重大，需要组织带领顾乡所全体人员开展排水抗洪工作。这是一项需要24小时随时待命的艰巨工作，只有保持高度警惕，日夜戒备才能及时应对汛情，尽快排除险情，防止发生更大的城市内涝。

然而，就在这个关键时刻，荀笑红的姥姥却因为严重胆结石住进了医院，病情紧急需要即刻进行手术。荀笑红的母亲虽心里牵挂着病情严重的家人，但她知道，作为党支部书记，她的责任更大，抗洪救灾的工作离不开她的指挥。因此，荀笑红的母亲在抗洪一线和医院之间来回奔波，既要没日没夜地指挥抢险工作，又要抽空去医院照顾老人。她的身影，在这两个战场上穿梭，疲惫但坚定。

不幸的是，荀笑红的姥姥最后还是因为术后感染离世。这让荀笑红的母亲深感痛心，她觉得自己没能在家人最需要的时候陪伴在身边，内心充满了愧疚和悲痛。但她知道自己不能因此而倒下，她还有更重要的工作要做。母亲调整好情绪，重新投入抗洪救灾的工作中。她坚信，只有保护好这座城市，保护好这里的每一位居民，才能对得起母亲的在天之灵。

在这场抗洪救灾的战斗中，荀笑红的母亲展现了出色的领导能力和坚韧不拔的意志。她用自己的行动，诠释了什么是责任与担当。

母亲一直是荀笑红心中的榜样。荀笑红认为母亲无论在哪个岗位，都能以公正严明和一丝不苟的工作作风赢得同事们的尊敬和赞誉。母亲不畏艰难、勇于战斗的精神对荀笑红产生了深远的影响。因此在顾乡所工作期间，荀笑红以母亲为榜样，努力学习文化，成了当时排水一线唯一取得本科学历的工人。

生活的重担能有母亲与之分担，可工作中的困难却只能由荀笑红自己克服。荀笑红于1998年调到顾乡所，当时，排水一线已经基本没有女同志下井作业了，但她毅然决然地承担起了

⊙ 2012年，荀笑红进行暗渠排查

这项重任。自此直到退休，荀笑红一直在排水一线工作。

1998年至2003年期间，荀笑红在顾乡所维修一工段度过了一段不平凡的日子。她不仅是工人，还兼任了工会小组长的职务。这意味着除了日常的维修工作，她还要肩负起诸多琐碎而又重要的任务，如发放工资、分发物品、宣传投稿、先进评比申报等。同时，她还需要做好职工的思想工作，调解内部纠纷，这些工作都需要她有足够的耐心和智慧。

初到顾乡所时，荀笑红面临着许多挑战。由于她年纪较轻，班组里的许多工人都比她经验丰富，她在班组中的地位并不稳固。然而，她并没有气馁，而是用自己的实际行动和努力赢得了同事们的信任和尊重。她对待工作总是非常认真负责，从不敷衍。无论是简单的维修任务还是复杂的工程项目，她都能够尽心尽力地完成。她不仅自己带头干活儿，还经常鼓励同事们一起努力，共同完成任务。在她的带领下，班组的工作计划得以顺利进行，工作效率也大大提高。

除了在工作中的出色表现，荀笑红还非常注重与同事们的沟通和交流。她经常主动与同事们聊天，了解他们的想法和困难，尽力帮助他们解决问题。她的真诚和热情使她赢得了同事们的信任和喜爱，许多人都愿意找她倾诉心事和寻求帮助。在处理职工思想工作和调解内部纠纷时，荀笑红也遇到了不少困难。有时候，班组里的工人会对工作安排有意见，不愿意听从班组长的安排。这时，荀笑红会主动介入，与工人们耐心地沟通和交流，了解他们的真实想法和诉求，然后尽力协调解决问题。她凭借做事公正和公平得到了大家的认可，许多工人都愿意听从她的建议和指导。

然而，正因为荀笑红在班组中的影响力逐渐增强，当时的班组长开始感到不安。他误会荀笑红在背后操纵工人们，对她的行为产生了怀疑。两人因此发生了激烈的争吵，关系一度紧张。但荀笑红并没有因此退缩，她继续坚持自己的做法，用实际行动证明自己的能力。

随着时间的推移，荀笑红的努力逐渐得到了回报。她的能力和品格也得到了大家的肯定。班组里的工人们开始主动向她请教问题，寻求帮助。甚至那些曾经对荀笑红有意见的工人，也开始听从荀笑红的建议和指导。

最终，班组长也意识到了自己的错误，他与荀笑红进行了深入的沟通，解开了心中的误会，两人之间的关系也因此变得融洽。

在顾乡所工作的日子里，荀笑红不仅面临着工作上的挑战，还要应对生活中的种种困难。她既要抚养孩子，又要照顾母亲。然而，她从未向困难低头，始终以坚定的信念和满腔的热情投入工作。随着时间的推移，荀笑红在顾乡所的表现逐渐得到了上级的关注和认可。她以出色的工作成绩和卓越的领导能力赢得了同事们的敬佩和尊重，对她们母女俩的称呼也从最初的"刘书记的姑娘"逐渐变成了"荀笑红她妈"。这个变化不仅代表着她在顾乡所的影响力和地位的提升，更代表着她在职业生涯中的成长和进步。

自1998年起，荀笑红在顾乡所这片天地默默耕耘了20多年，从默默无闻的一线工人，到备受瞩目的劳动模范，她用自己的努力和汗水书写了一个又一个辉煌的篇章。在顾乡所，她经历了有喜有悲、有得有失的种种磨炼，正是这些经历塑造了她坚韧不拔的性格和勇往直前的精神。

如今，她以党的十九大代表，中国妇女十一大、十二大代表的身份，展现了新时代女性的风采和力量。她获得全国优秀共产党员、全国劳动模范等荣誉称号，成为排水工人中的佼佼者，为行业树立了榜样。她的成就不仅是对个人奋斗的肯定，更是顾乡所这个大家庭的骄傲。

回顾她在顾乡所的历程，可以说这是一段充满挑战与机遇的旅程。正是这些宝贵的经历，让她变得更加坚强和自信。

技术能人"荀一钩"

为了更好地为人民服务，荀笑红刻苦钻研专业技术，勤奋学习掌握专业知识。她不仅练就了"找井子无须翻图纸""砌井子可以方改圆"以及"通管道能够一钩中"等令人赞叹的绝活儿，还因此赢得了"荀一钩""荀一锤""荀专家"等诸多美誉。

1. 对"砌井子"的技术创新

"砌井子"是排水行业的一个专业术语，它指的是在排水系统中建造井状结构的过程。这些井可以用来收集和排放雨水、污水或其他类型的流体。在城市建设中，排水系统是非常重要的基础设施，它有助于维护城市环境，防止水灾的发生，确保城市居民的生活质量。

荀笑红初次面临砌井子的问题时，展现出了独特的创新思维。传统的方形井套在来往车辆频繁的碾轧下总是难以持久，维修工作如同打地鼠，反复而无休止。荀笑红没有被这个问题困住，她深思熟虑后，提出了一个大胆的设想：将方形井改造成圆形井，并安装铸铁的圆形井盖。这个看似简单的改变，却蕴含了深厚的工程学原理。圆形井盖能够更好地分散压力，减少车辆对井套的冲击，从而大大提高井盖的抗压能力。

荀笑红的想法一开始并没有得到多数人的理解，甚至遭到了质疑。然而，她并没有因此而气馁。她坚信自己的创新思路能够解决问题，于是毅然决然地开始了实践。她亲手操持起工具，开始了艰苦的改造工作。经过一段时间的努力，荀笑红成功地完成了圆形井的改造。当主管领导在现场看到这座坚固耐用的新井时，不禁对她赞不绝口。他称赞荀笑红不仅出色地完成了维修工作，更在技术上实现了创新。这次经历让荀笑红深感自豪和满足，也让她更加坚定了继续探索创新的信念。

荀笑红的技术创新并非一蹴而就，而是源于她对工作的认真态度和专业技能的不断提升。在之前的一个项目中，她面对一座几乎坍塌了四分之三的检查井，没有选择逃避或放弃，而是亲自下到井底进行处理。她站在井底，用几块砖垫脚，确保自己的安全，然后开始一层层地往上砌砖。每一块砖都被她精心放置，以确保井壁的稳固和完整。这种对工作的认真态度和对技术的精湛掌握，让荀笑红在面对困难时能够冷静应对，找到最佳的解决方案。

荀笑红不仅在砌井子方面有着出色的创新表现，在其他设施维修工作中也展现出了卓越的技术和创新能力。在带领团队完成多座破损设施的维修工作过程中，她不仅注重工作的效率和质量，而且注重技术的创新和优化。她带领团队采用先进的维修技术和设备，提高了维修工作的效率和质量，也为设施维修工作带来了新的发展方向。

荀笑红还记得，那是一个炎热的夏季，当得知一个有重要交通任务的路段上的一座检查井出现破损和移位问题时，她迅速而果断地行动起来。她深知，维修工作的重要性不仅在于修复破损，更在于确保修复后的质量能够经受住各种考验。在接到任务后，荀笑红迅速组织了一支专业维修队伍，准备前往现场进行维修。然而，当天却下起了雨，这对于维修工作来说无疑是一个巨大的挑战。

面对这种困境，荀笑红没有退缩。她仔细思考后，提出了一个创新性的解决方案。她告诉正在搅拌水泥的同事，不需要再额外加水，因为被雨淋过的水泥和沙子已经变得潮湿。她确信，将这种潮湿但不稀软的水泥抹在检查井上，利用小雨一点点渗透，再加上车辆的短暂碾轧，检查井会更结实。这个看似简单的创新，却蕴含着荀笑红对技术的深刻理解和灵活运用。她不仅考虑到了水泥和沙子的物理性质，还巧妙地利用了自然环境的因素，达到了意想不到的效果。

事实证明，荀笑红的创新方法取得了巨大的成功。维修井子的工作不仅迅速完成，而且维修后的质量也经受住了时间的考验。上级部门对荀笑红和她的团队给予了高度评价，他们的出色工作确保了该路段重要交通任务的顺利进行。荀笑红对"砌井子"技术的深刻理解与创新，成了城市建设和发展的宝贵财富。

2. 对"通管道"的熟能生巧

在荀笑红所负责的辖区道街上，有一个车辆维修厂，它的门前有一口常年被油污和垃圾侵蚀的雨水井，那里是荀笑红经常光顾的地方。有一次出任务时，为了锻炼新人，她带着几名新人一路步行至现场，接着便熟练准确地找到了雨水井的位置。可当井箅子一打开，一股难闻的气味扑鼻而来，几名新人一闻到这股味道都立即捂鼻弯腰到路旁干呕起来，但荀笑红却毫不在意，她熟练地拿起一把长铁钩，凭借多年的经验，准确地确定了联络管的大概位置。

"看好了，这就是通管道的诀窍。"荀笑红大声对新人们说道。她用力将钩子捅入井中，然后来回抽拉了几下。只见积水立刻打着旋儿流进了井里，不一会儿，路面上的积水就被排得一干二净。

新人们看得目瞪口呆，纷纷发出惊叹声。老同事则在一旁笑着打趣道："你们看看，这就是我们的'荀一钩'，厉害吧！"荀笑红微微一笑，并不言语，但眼中却流露出淡淡的自豪。

"荀一钩"的名号是同事们对荀笑红技术的认可。面对堵塞的管道，别人掏半天都不一定能疏通，荀笑红一钩下去就能使其顺畅。荀笑红过硬的技术当然并非轻易得来，而是在长年的实践中一点一滴积累而成，可谓"不积跬步无以至千里，不积小流无以成江海"。她好钻研，恪尽职守，总能在日常的工作实践中获得技术创新。

时间转瞬来到2015年一个暴雨如注的夏夜，松拖泵站周边

⊙ 2010年冬季，正在进行清掏工作的荀笑红

的管道因为突如其来的暴雨而堵塞，道路积水随之迅速上涨，附近居民的生活因此受到了严重影响。苟笑红接到通知后，立刻带着工具和班组同事们赶到了现场。

到达事发地时，现场已经聚集了不少群众，领导和同事们正在焦急地讨论着如何疏通管道。苟笑红走上前去，仔细观察了一下井子的线位，然后接过同事手里的高压水枪。她对准一个合适的方位，沿着井壁缓缓地将枪头放下去。

"给油加压！"苟笑红对司机喊道。随着油门声轰响，枪头迅速穿进了管道。只听管道中发出了"咕嘟咕嘟"的声音，不一会儿，管道就被打通了，积水迅速排出，道路也恢复了畅通。

一直在旁边默默看着这一切的领导对着苟笑红满意地点了点头，向围观的人群说道："看看人家苟笑红，不愧是劳模！管道一下就被打通了，这就是专业！"苟笑红谦虚地笑了笑，她知道，这一切都是她多年经验和技巧的积累。

在河润街那座特殊的雨水井旁，苟笑红再次展现了她的通管道绝技。这条街上有一家生意火爆的宠物店，由于店主总是将污物倒进雨水井里，因此所属街道的管道经常堵塞。这一次，苟笑红一如既往地带着一名工人前来疏通，只见她拿起长钩子，熟练地往井里一插，来回抽拉几下，道路上的积水就瞬间打着旋儿流入了雨水井。这一幕，恰好被苟笑红同事的母亲看见，她就住在宠物店所在那幢楼的楼上，在阳台上目睹了整个过程。第二天，同事对荀笑红说："荀姐，昨天我一下班回到家，我妈就拉着我的手夸奖你，说她亲眼看着你一钩子下去就把积水排走了，夸你业务能力太强了！"荀笑红听后，心中涌起一股暖流，她知道自己的努力得到了认可。

自此以后，"荀一钩"的称号在同事们和邻居们中间传开了。这个称号不仅是对荀笑红通管道技术的认可，更是对她多年来默默付出和努力的赞扬。荀笑红也因为这个称号而更加自豪和坚定，她知道自己要继续努力，为更多的人解决管道堵塞的难题。

荀笑红在通管道方面的熟能生巧，不仅体现在她对工具的熟练运用方面，更体现在她对问题的敏锐洞察和快速应对方面。她深知每一处管道堵塞的背后，都有着不同的原因和相应的解决方法。因此，在每一次疏通过程中，她都会仔细观察、分析，然后采取最合适的措施去解决。她的技艺和经验，不仅赢得了同事们的赞誉和尊重，更为单位解决了许多棘手的问题。在她的带领下，通管道工作变得更加高效和顺畅，她也为单位的发展贡献了自己的力量。

3. 对"找井子"的精准把控

在顾乡所的日子里，荀笑红凭借着自己的专业技能和精准把控，一次次地破解了排水难题，成了大家心中的"荀专家"。

刚到顾乡所的时候，荀笑红这匹"千里马"还没有机会展露自己的才华，可是很快，她便有了展示的机会。那是一个北风呼啸、大雪纷飞的寒冷冬日，前进路街道正在进行扩路改造，荀笑红和同事们被派往现场，负责确定井子的方位以便日后迁移。现场一片雪白，井子都被厚厚的积雪覆盖，寻找起来异常困难。荀笑红手持一根一米多长的铁撬棍，在雪地中仔细探寻。每当铁撬棍碰到井盖时，会发出清脆的碰撞声，她就能准确地判断出井子的位置。然而，在寻找最后一个井子时，她却遇到了难题，虽四处寻找，但始终不见井子的踪迹。

同事们开始有些不耐烦了，纷纷表示这里应该没有井子。但荀笑红却不为所动，她凭借着以往的经验和技术，仔细地观察着周围的地形。她的眼神坚定而专注，仿佛能够穿透厚厚的积雪，看到下面的井子。终于，她指着地上的一个位置说道："应该就在这里。"

同事们面面相觑，显然对她的判断持怀疑态度。一位年轻的工人甚至不屑地说："这里什么都没有，你怎么可能找到井子？"荀笑红没有反驳，只是默默地拿起撬棍，对准那个点插了下去。只听咔嚓一声，撬棍竟然插空了，差点把她晃倒。

同事们见状，纷纷围了过来。荀笑红示意他们继续挖下去。不一会儿，果然挖到了一个井子。井子上盖着一块木板，

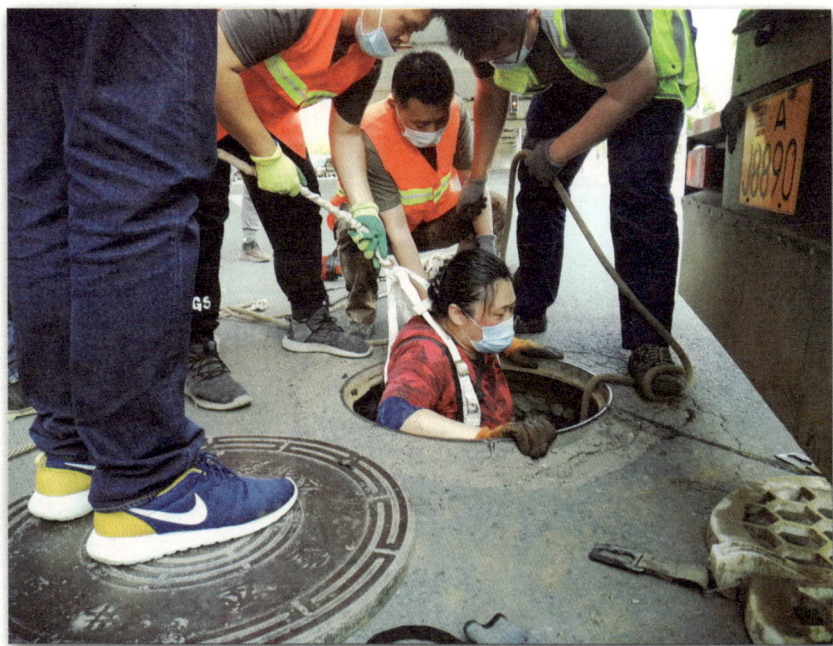

⊙ 2020年5月，荀笑红井下勘察后出井

没有井盖，难怪大家之前都没有发现。同事们惊讶地看着苟笑红，纷纷竖起了大拇指。

苟笑红的精准把控不仅体现在找井子上，还体现在处理各种排水难题上。张喜利——苟笑红班组的老同事，一位老实勤快的工人，也是苟笑红班组不可或缺的一员。每当提及苟笑红，他的眼中总会流露出由衷的敬佩之情。在他的心中，苟笑红不仅是技术方面的榜样，更是他们工段的精神支柱。

回忆起那次河政街找井子的经历，张喜利的脸上总是带着一丝兴奋和自豪。那天，原本应该休息的他，却被紧急召集到了现场。原来是河政街上的一根雨水口连接管被压塌了，与之相连的检查井也被埋在了地下。技术人员在现场寻找了很久，都没有找到这个被掩埋的检查井。领导无奈之下，只好打电话请苟笑红过来帮忙。张喜利骑着三轮车，载着沉重的工具和苟笑红一起赶到了现场。

只见现场已经聚集了几位工程组和管理组的人员，他们忙碌地敲打着地面，寻找着井子的踪迹。然而，经过长时间的搜索，依然一无所获。看着大家焦急的神情，苟笑红马上开始寻找。

她先是仔细观察了一下周围的环境，看到现场附近的路面上有很多小坑眼儿，这是之前技术人员们寻找井子时留下的痕迹。她默默地走了一圈，用那双锐利的眼睛仔细观察着每一寸地面。然后，她走到了一棵大树下，指着树根旁一尺左右的地方，对张喜利说："你到这里挖挖看。"

张喜利当时有些疑惑，但看着荀笑红那坚定的眼神，他还是拿起了铁锹，用力地挖了下去。没想到，铁锹刚挖两下就传来了与井盖碰撞的刺耳声音。他一下子惊呆了，看着那口许多人找了好久的井子，心中不禁对荀笑红佩服得五体投地。

张喜利深知，荀笑红之所以能够如此准确地找到井子的位置，不仅是因为她有着丰富的经验，更是因为她有着敏锐的洞察力和判断力。在荀笑红的带领下，他们工段的排水维修工作越来越得心应手。荀笑红不仅教会了他们许多实用的技术，更教会了他们如何用心去观察、去思考。她的存在，让整个工段都充满了活力和希望。每当回想起那段与荀笑红共事的日子，张喜利都会无比怀念和充满感激。他知道，正是有了荀笑红这样的榜样，他们才能够不断进步、不断成长。

还有一次，河山街全线堵水，附近居民无法正常用水。荀笑红和班组队员们赶到现场后，发现直径为1米的管道竟然被堵塞了。她怀疑是丢失了井子出现的问题。然而，管理员拿来的图纸上并没有标注丢失的井位。抢险工作进行了10多天，几乎没有任何进展。领导决定开槽查找原因，但这样做会产生巨额的费用。

荀笑红决定下井查找原因。她穿上水衩，下到上游井里，用竹坯子一根根接起来，向上游堵塞的井里打过去。她凭借着丰富的经验和敏锐的感知力，估算出堵塞点的大致位置。然后她上到地面，用脚丈量出大约14米的地方，指示工人砸击。结果只一锤下去，井盖就被震了出来。大家惊讶地发现，丢失的井子就藏在这里面。荀笑红迅速组织人员打开井子清理堵塞物，很快管道就恢复了畅通。

荀笑红在找井子方面的精准把控不仅赢得了同事们的敬佩和赞誉，也让她在排水领域声名远扬。荀笑红的故事在排水领域被传为佳话，她的名字成了精准把控的代名词。她用自己的智慧和勇气为排水事业作出了巨大的贡献。

第四章　一身脏污净万家

苦——寒暑磨铁志

在顾乡所的第一工段，荀笑红的身影像是那冬日里的一抹暖阳，夏日里的一缕清风，她用坚韧不拔的毅力，默默承受着排水工作的艰辛与苦楚。

从1998年至2017年，荀笑红在排水这条道路上走得坚定而执着。从工会小组长到副班长，再到班组长，每一个职位都见证了她的成长与付出。她所管辖的工作区域，都是交通繁忙、居民密集的关键地段，那里的排水任务繁重而艰巨，也隐藏着不为外人所知的辛苦。可荀笑红从未退缩，她以"苦脏累险毒"五个字概括了排水工作的全部，其中的"苦"荀笑红深有感触，她忙碌的身影穿梭在哈尔滨的大街小巷，也成了排水工作"冬练三九、夏练三伏"的生动注脚。

"冬练三九"就是冬春季清掏会战，排水工人必须抢在汛期到来之前，将各积水片区的管道清理通畅，每当冬日的严寒来临，哈尔滨的气温便如同被冰霜锁住一般，寒风吹在脸上会有刺骨般的疼痛，路上的行人都裹紧了身上的羽绒服，手也藏在口袋里不肯轻易拿出来，在这样恶劣的天气下，更别提还要进行繁重的体力劳动。在零下20℃的冰天雪地中，荀笑红和她的团队需要连续工作数小时。每次到作业点换水衩时，水衩都已经被冻得硬邦邦，穿在身上冷冰冰的，荀笑红和同事们还没下井就被冻得浑身发抖了。井盖与井口冻在一起时很难打开，荀笑红总是最先上手，但由于过分用力导致手臂肘部挫伤，受伤后，每次作业时，她都不得不戴着厚厚的护肘干活儿。那刺骨的寒风如同无数把利刃，无情地割着她的脸颊。雪花时不时地钻进衣领，冰冷刺骨，冻得她浑身打战，她身着厚重的防寒服及水衩，手戴厚手套，全副武装就踏入了泥泞的井下。

井下的环境更是恶劣，泥水混杂，恶臭难闻，荀笑红需要一桶又一桶地将污泥清掏出来。她的手套表面因沾满泥水很快被冻住。她的手指几乎无法弯曲，只能凭借一股狠劲儿，坚持完成每一个任务。每到冬天，哈尔滨就会开启"速冻"模式。长时间暴露在低温下的手会发红发痒，再沾着冷水，双手甚至会被冻得失去知觉。当她从井下上来时，厚重的衣服内里已经被汗水打湿，身上的热气蒸发到凛冽的空气中，整个人就像冒了烟似的。

"夏练三伏"就是抗洪抢险防内涝。夏天，对荀笑红来说，是一个格外严峻的考验。哪怕气温攀升至零上30℃，她依然需要身着重达10多斤的工作服，坚守在岗位上。汗水如同断

⊙ 2010年3月，荀笑红完成排查后出井

了线的珠子，不断从她的额头滚落下来，湿透了她的衣服。即使在不进行任何活动的情况下，她也能感受到那种难以忍受的闷热，仿佛置身于蒸笼之中。

每次从井下上来，荀笑红的全身都像被水淋过一样。她的脸色苍白，但眼神依然坚定而有力。她知道，自己的工作虽然艰辛，但对于城市的正常运转至关重要。她不愿意因为一时的困难而退缩，选择了勇敢的面对。在高温下工作，荀笑红的体力要消耗掉大半。但她从不抱怨，用自己的行动诠释着什么是责任和担当。

在荀笑红的带领下，她的团队也展现出了惊人的凝聚力和战斗力。他们团结一心，共同面对工作中的种种困难和挑战。每当遇到艰巨任务时，荀笑红总是第一个冲上前，用自己的行动为团队树立榜样。她的坚韧和毅力，也感染了身边的每一个人，让他们更加坚定地走在排水工作的道路上。

2012年8月29日，台风"布拉万"登陆哈尔滨带来的强降水，导致市区道路积水面积和水位迅速增长，新阳路与哈药路积水点已经连成片，积水面积近4万平方米。从深夜9点到第二天凌晨3点，荀笑红和同事们在易涝片看守，为确保行人及行车安全，他们一直都泡在冰冷的雨水中。她在齐腰深的积水中坚守了13个小时，水退了，她却得了严重的尿路感染。

荀笑红不仅在工作中勇于承担，还用自己的行动帮助其他的队员。有一次，一位刚刚从军队退伍回来的年轻男同事在井下工作了很长时间，当他终于从井里上来时，累得直接躺在地上，大口地喘着气。荀笑红看到后，没有多说什么，只是告诉他把身上的水袄脱下来。然后，她穿上同事的水袄，继续下井作业。

除了工作上的付出，荀笑红在生活中也是一个温暖且充满爱心的人。她关心每一位同事，时刻关注着他们的身体状况和情绪变化。每当有同事生病或者遇到困难时，她总是第一个伸出援手，给予他们无私的帮助和支持。她的善良和真诚，赢得了身边每一个人的尊重和喜爱。

荀笑红与她的团队之间，还流传着许多温馨的小故事。有一次，一位新入职的年轻同事因为初次面对如此恶劣的工作环境，心生畏惧，几次想要放弃。荀笑红看在眼里，并没有直接劝说，而是选择用行动来感染这位年轻人。她亲自带着新同事下井作业，手把手教他如何清理污泥，如何应对突发情况。在荀笑红的耐心指导下，这位年轻人逐渐克服了畏难情绪，也深深体会到了荀笑红对工作的那份热爱与执着。

还有一次，在一个风雨交加的夜晚，一处排水管道突然破裂，大量污水涌上街道。荀笑红得知消息后，立即带领团队赶往现场。他们冒着大雨，顶着狂风，连续奋战了几个小时，终于将破裂的管道修复完毕。当城市的街道再次恢复平静，荀笑

⊙ 2021年4月，荀笑红下井清掏

红和她的团队已经累得筋疲力尽。然而，当他们看到市民们感激的目光时，所有的疲惫都化为了幸福与满足。

苟笑红的故事还有很多很多，每一个故事都充满了感动与温暖。在苟笑红的身上，我们看到了一名普通排水工人的伟大。她用那坚韧不拔的毅力，默默守护着城市的排水安全。

脏——泥满志更坚

在顾乡所，苟笑红几十年如一日地坚守在岗位上，用那双不畏脏污的手，为城市的洁净付出了无数的汗水与辛劳。

排水工人的工作，让人最容易联想到的字眼就是"脏"。他们面对的是堵塞的雨水井，是满溢的污水，是令人作呕的垃圾和杂物。然而，苟笑红却从未退缩，她以坚定的信念和顽强的毅力，一次次地挑战着这份工作的极限。

那是一个炎炎夏日，阳光如烈火般炙烤着大地，新阳路上的一处雨水井堵塞了，道路积水成河，行人怨声载道。苟笑红接到任务后，立即带着几位新来的同事赶到了现场。

雨水箅子一打开，一股令人作呕的气味便扑鼻而来，仿佛要将人淹没在臭气之中。箅子上面堆满了各种垃圾杂物，有塑料袋、纸巾、烟蒂，甚至还有粪便和尿液混合在一起，散发着难以形容的恶臭。

新来的同事们纷纷捂住口鼻，后退几步，脸上露出难以忍受的表情。他们看着荀笑红，眼中充满了疑惑和担忧。

"荀姐，这味道太难闻了，我们真的要伸手去清理吗？"一位新来的同事忍不住问道。

荀笑红没有说话，只是默默地点了点头。她戴上手套，拿起小钩子，毫不犹豫地趴在井边。她的眼神坚定而深邃，说道："这就是我们的工作，无论多脏多臭，我们都必须去面对。"

荀笑红将小钩子伸进井内，开始一点点地清理堵塞的杂物。她的动作熟练而迅速，仿佛在进行一场无声的较量。每一次钩起垃圾，她都会仔细检查，确保没有遗漏。

随着杂物逐渐被清理干净，荀笑红将整只胳膊都伸进了井内。她的脸上满是汗水，但眼中却闪烁着坚定的光芒。

雨水井终于被疏通开了，荀笑红站起身，将胳膊上沾着的污物用手撸下来。她的动作如此从容和淡定，因为这一切对她来说早已习以为常。

"荀姐，您的手……"一位同事惊呼道。

荀笑红笑了笑，说道："没事儿，习惯了。"她轻轻地甩了甩手，仿佛这样就能把那些污物甩得干干净净。

而那些新来的同事们，有的人忍不住跑到附近的大树旁呕

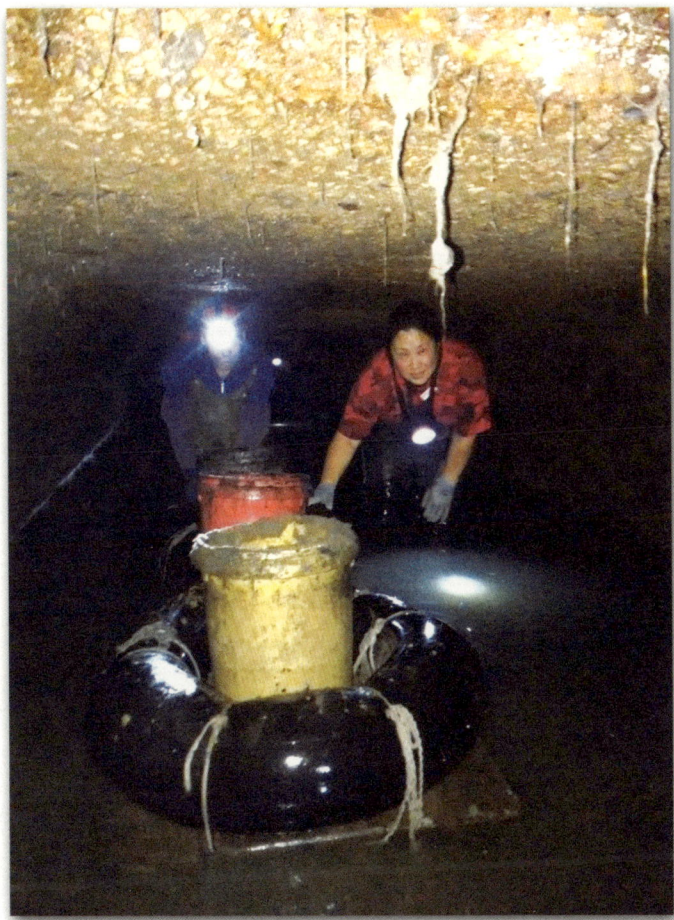

⊙ 2016年7月，荀笑红在清掏河梁街水渠

吐起来，有的人则脸色苍白，看着荀笑红的手在污物中穿梭，不免心生敬佩又自惭形秽，久久说不出话来。

"荀姐，您太厉害了，我们真的做不到像您这样。"一位同事感慨道。

荀笑红拍了拍他的肩膀，说道："这没什么，只要你们愿意学，也能做到的。排水工人的工作虽然脏累，但它是城市运转不可或缺的一部分。我们的付出，能让城市更加美好。"

在她的鼓励和带领下，新来的同事们逐渐克服了心理障碍，开始投入工作，跟着荀笑红一起清理雨水井。

荀笑红能够不怕脏并非一朝一夕之功，而是经过了长期的磨砺和锻炼。她深知排水工人的职责所在，也明白这份工作对于城市的重要性。因此，她从不把脏和累当作借口，而是将其视为一种挑战和锻炼。

荀笑红的故事在顾乡所被广为传颂，她成了许多人心中的榜样。她的坚韧和毅力不仅赢得了同行的敬佩和尊重，也赢得了居民们的感激和信任。在她的影响下，越来越多的人开始关注排水工人的工作，开始理解和尊重这份看似不起眼却至关重要的职业。

累——重担步不停

排水工作的"累"不仅来自重体力劳动对身体的考验，更有对心理的冲击与折磨。

在荀笑红的世界里，肩负重担行不止，汗滴满身意更坚，是生活的常态，也是她坚守的信念。

在一个风雨交加的夜晚，河山街抢险任务突如其来。由于一施工公司的疏忽，大量建筑垃圾被推入排水井中，导致河松片区全线堵水，几千户居民的正常生活受到严重影响。接到任务的荀笑红，没有丝毫犹豫，立刻带领同事们冒雨前去清掏抢修。

"大家加把劲儿，尽快恢复排水！"荀笑红大声呼喊着，她的声音在雨声中显得有些微弱，却坚定又有力量。她深知，每一分钟的延误，都可能给居民们带来更多的不便和损失。

一天下来，荀笑红和同事们几乎没有休息的时间。雨水打湿了他们的衣服，泥水溅满了他们的脸庞，但他们却没有一句怨言。到了晚上9点，领导派人送来的盒饭，他们还没端到手里，大雨再次倾盆而下。苟笑红立刻组织人员火速赶往易涝地点排涝，她知道，这场战斗还没有结束。

当苟笑红和同事们浑身湿透回到抢险休整区时，已将近半夜12点。盒饭早已凉透，但苟笑红却毫不在意。在黑漆漆的夜里，又冷又饿的她拿着盒饭蹲到车灯底下，顾不得风雨狼吞虎咽地扒拉着，结果连续腹泻四天。在这种情况下，苟笑红四天三夜没回家，一直坚守到险情排除。她说："为了百姓的甜，我愿吃更多的苦。"

那几天，她几乎成了抢险现场的"铁人"，每天都在忙碌和奔波中度过。抢险工作完成后，有人问苟笑红："如果有时间休息了，你最想做什么？"她脱口而出："我就想好好睡个觉！"这句话虽然简单，却道出了她的疲惫。她知道，自己需要休息，需要恢复体力，但她也知道，只要还有需要她的地方，她就会毫不犹豫地再次挺身而出。

由于工作繁重，苟笑红的团队采取了轮流下井进行清理作业的方式。然而，对于缺乏井下工作经验的新成员来说，这无疑是一个巨大的挑战。苟笑红决定每天带领两位新同事下井进行清理工作，她要用自己的行动和经验来帮助他们。

在井下，苟笑红经常会遇到水流量大、流速快的情况。这时，她的装备往往会被水淹没，也就是所谓的"灌包"。但她没有丝毫的恐慌和退缩，而是冷静地应对每一个难题。她知

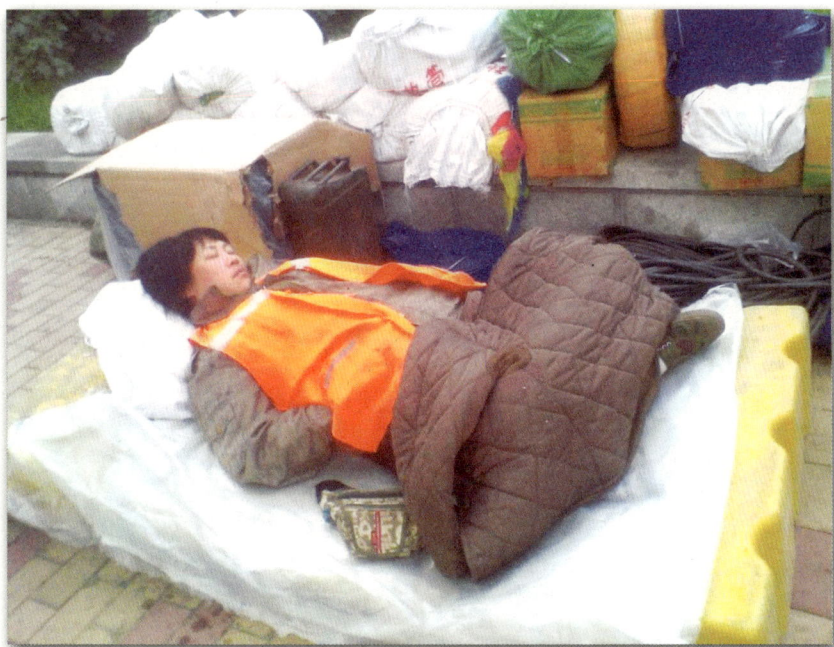

⊙ 2013年，苟笑红参与大坝抢险时因疲劳过度躺在路边休息

道，只有保持冷静和坚定，才能战胜一切困难。

此外，每天处理数百桶泥浆的工作量对于荀笑红来说也是一种巨大的压力。然而，她却从未抱怨过一句，只是默默地坚持着。就这样，荀笑红在艰苦的环境中连续工作了整整一个月。她的身影成了抢险现场一道亮丽的风景线，她的精神也激励着每一位团队成员。

荀笑红在肩负着身体劳累的同时，心理上也承受着巨大的考验。

面对抢险任务，荀笑红总是毫不犹豫地冲在最前面。她深知自己的责任重大，也明白每一个决定都可能影响到众多居民的生活。然而，这种压力并不只是来自外界的期望和关注，更多地来自她内心的自我要求和对完美的追求。

在抢险现场，荀笑红时常面临着各种突发状况和不可预知的风险。每一次下井作业，都是对她意志和勇气的考验。她不仅要面对水流量大、流速快的挑战，还要时刻警惕着可能出现的危险。这种紧张的氛围和巨大的压力，让她的心理承受能力不断受到挑战。

同时，荀笑红还要承受来自团队内部的压力。作为团队的领导者，她不仅要负责指挥和协调，还要时刻关注每一位队员的情绪和状态。她需要用自己的坚定和勇敢来感染和激励团队，让他们能够在困难面前保持团结和斗志。

然而，在抢险工作结束后，她也会感到疲惫和无力。她会回想起那些惊心动魄的时刻，思考自己是否做得足够好，是否还有改进的空间。这些回看和反思，让她更加深刻地认识到自己的责任和使命。

此外，荀笑红还要面对家人和朋友的担忧与牵挂。她知道自己为了工作常常忽略了家庭和个人生活，但她也深知自己的选择是为了更多人的幸福和安全。这种内心的矛盾和挣扎，让她在享受工作带来的成就感的同时，也感受到了深深的愧疚和无奈。

然而，荀笑红并没有被这些压力和困扰击垮。她用自己的坚强和毅力，一次次战胜了内心的恐惧和不安。她明白，只有保持积极的心态和坚定的信念，才能在排水抢险工作中发挥出最大的作用。

在荀笑红身上，我们看到了一位普通女性在面对巨大压力和考验时所展现出的坚韧和勇敢，也让我们更加深刻地认识到排水抢险工作的艰辛和不易。

险——临危显英勇

在酷暑难耐的夏季，荀笑红和她的团队不仅要处理日常的清理工作，还要应对各种突发情况，如防洪抗灾和防止城市内涝。

2016年6月12日，哈尔滨市遭遇了一场突如其来的暴雨，并伴有冰雹。冰雹不仅打落了大量树叶，还堵塞了大部分的排水井口，导致低洼地区积水严重，有些市民被困在高地建筑如商店、教堂和公园内，无法回家。

面对这一紧急情况，荀笑红虽患有风湿性关节炎，但她毫不犹豫地踏入冰冷的积水中，果断地打开井盖以排除积水。为了防止井盖因水流压力而关闭，荀笑红用尽全力抵住井盖，并用自己的身体作为路标，引导车辆安全通过。她在刺骨的冷水中坚守了两个多小时，展现了排水工人的英勇和坚韧。

在2020年的汛期，哈尔滨市经历了"巴威""美莎克"和"海霞"3场台风的连续侵袭，暴雨夹杂着狂风肆虐了近20天。在这漫长的20天里，荀笑红仅回家住了4天。剩余的时间，她要么坚守在排涝的第一现场，要么在清掏堵塞的排水管道，一直处于随时待命的高度紧张状态。

面对社会各界的赞誉和敬意，荀笑红谦虚地表示："为了确保城市排水系统能够更加顺畅地运作，环境能够更加整洁，市民的出行能够更加安全，即使需要付出更多的辛劳和汗水，我也认为这是值得的。这是我作为排水工人的职责，也是我对这座城市的承诺。"

排水工作中不可避免的另一种"险"，便是突如其来的抢险任务。在日常的一线工作中，紧急情况往往使人措手不及。清掏工作尤其如此，意外情况时有发生。在荀笑红的工作中，有几次清掏暗渠的遇险经历，尤为刻骨铭心，让她终生难忘。

2006年的冬季，荀笑红和她的团队面临着一次重要的清掏工作。这是一项艰苦而危险的任务，尤其是对于像荀笑红这样的女性工人来说。河润街的地下，隐藏着一新一旧两条排水渠，它们默默承载着城市的排水功能。

那天，荀笑红正专注地在旧渠中清掏淤泥，她的手中挥舞着铁锹，一下一下地挖掘着。突然，一不留神，她的脚陷入了泥泞中，身体瞬间失去了平衡，向着新渠口倒去。那一刻，她的心中充满了恐惧，因为她知道新渠的危险。新渠的水深不见底，水流湍急，而且没有任何的检查口，一旦掉入，生还的可能性微乎其微。

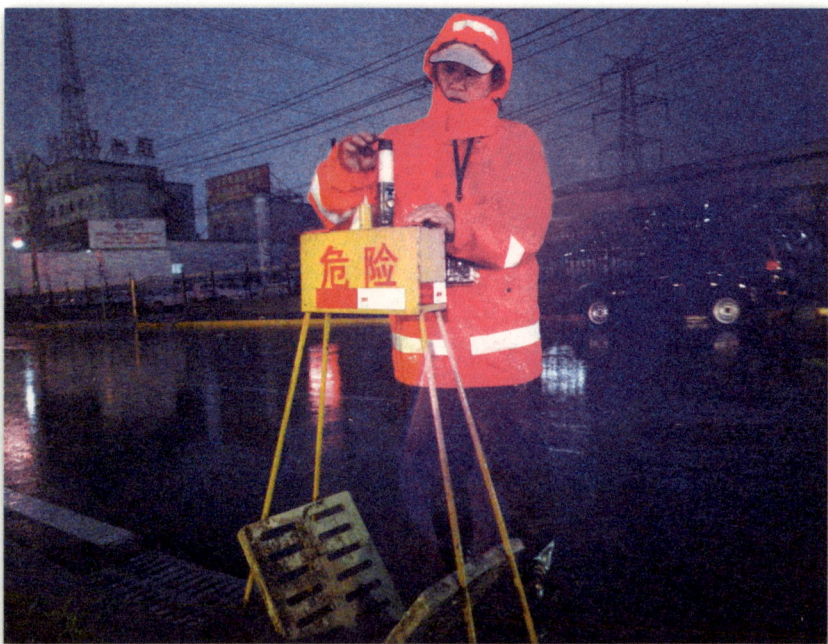

⊙ 2020年8月，荀笑红在积水点执行防汛任务

苟笑红只觉得心跳加速，死亡的阴影笼罩着她。就在她以为自己即将落入水中的时候，余光扫到了入口的墙边。那一瞬间，她仿佛看到了一线生机。她以迅雷不及掩耳之势伸出手紧紧抓住了墙边。但她的身体悬在空中，只能依靠手臂的力量，保持平衡。

这几秒钟，对于苟笑红来说无比漫长。她的心中充满了恐惧，但更强烈的是求生的欲望。她的同事们看到这一幕，惊恐地呼喊着，急忙跑过来营救她。有人拿来了长长的竹竿，有人则找来了绳索。他们齐心协力，最终将苟笑红安全地拉回了地面。

事后，苟笑红虽心有余悸，但她也感到了无比庆幸。她明白自己之所以能够幸免于难，不仅仅是因为她的反应快，更是因为团队的力量。同事们不顾一切地来帮助她，这是她最大的幸运。

这次事件之后，苟笑红更加珍惜自己的生命，但她并没有畏难不前。她深知排水工人的职责就是保护城市的排水系统正常运行。她愿意承担这份责任，即使这意味着她需要面对更多的危险和挑战。

2006年的那次西河沟抢险任务，对苟笑红来说，也是一次终生难忘的经历。

当时西河沟沿岸的垃圾带犹如一座座小山，堵塞了河道，使得河水汹涌而出，无情地侵袭着河岸两边百姓的家园。荀笑红当时作为抢险队伍中的一员，她的任务就是与同事们一起清理河道沿岸的垃圾，疏通堵塞的河道。

她身着水衩，毅然决然地踏入了这片混乱的战场。她的脚下，是如同沼泽一般的泥泞，每一步都仿佛要陷入无尽的深渊。但她没有退缩，一心只想尽快清理掉河道中央的垃圾，恢复河道的畅通。

然而，就在荀笑红接近河道中央的时候，一名男同事突然陷进了泥里，越挣扎身体越向下沉。情况危急，荀笑红和另一名男同事急忙向他靠拢，却没有注意到自己脚下的安全，突然咕咚一声，她的一只脚插进了泥里，拔不出来。起初只是淹没了一只脚，但转眼间，整条腿都沉了下去，而且还在不断下沉。

"怎么办？这样下去我会不会也被淹没？"荀笑红心中惊恐万分，但她知道，此刻不能慌乱，必须冷静应对。她手里原本拿着一个长把的耙子，那是用来耙垃圾的，但现在，为了救那名遇险的男同事，她已经将耙子抛了过去。

"坚持住！我一定会救你出来的！"荀笑红大声呼喊着，同时寻找着自救的办法。

突然，她发现身边半米多远的地方有一根树杈，这成了她的救命稻草！她小心翼翼地伸出手，拉住了那根树杈，然后一点点地将腿拔了出来。终于，她自救成功了！

"太好了！我没事！"荀笑红激动地喊道。脱险后，她又想办法救出了遇险的男同事。当时，她感到一种从未有过的喜悦。

回想起这次抢险经历，荀笑红心中感慨万分。她并不是怕死的人，但如果真的要牺牲，她希望是在更有意义的地方，而不是在垃圾堆和臭水沟里。这次经历让她更加坚定了自己的信念：无论面对多大的困难和挑战，都要勇往直前，决不退缩。

荀笑红的故事传遍了整个抢险队伍，她的勇敢和坚韧成了大家学习的榜样。她的经历也告诉大家，在面对困难和挑战时，只要大家保持冷静、勇敢前行，就一定能够战胜困难，迎接更加美好的未来。

毒——坚守不畏毒

荀笑红30年的职业生涯充满了与各种毒害的斗争。每天，她都需要面对污水、污泥以及井下的有毒有害气体，这些毒害不仅威胁着她的身体健康，也考验着她的意志和毅力。

排水管道中时常充斥着一氧化碳等有毒有害气体，工作人员在管道中作业必须佩戴专业的防毒面具，以隔绝有害气体的侵害。然而，即使有了防毒面具，也无法完全避免这些气体的侵袭。有时候，气体浓度过高，会让人感到头晕目眩，甚至出现恶心、呕吐的症状。在这种情况下，工作人员只能暂时离开作业现场，等待气体散去后再继续工作。

除了有害气体，管道中还存在大量污水和污泥。这些物质中可能含有重金属、有害微生物和寄生虫，会对人的皮肤造成极大的伤害。苟笑红的皮肤因此变得粗糙、干燥，甚至出现了脱皮和红肿的现象。为了保护皮肤，她从不化妆，只用最基础的护肤品来保持皮肤的湿润。即使这样，她的皮肤状况依然时好时坏，让她备受困扰。

在地下工作时，苟笑红还需要面对物理性危害。由于光线不足和视野受限，她需要格外小心，以免发生摔倒和碰撞等。她时常在黑暗中摸索着前行，用手电筒照亮前方的道路。然而，哪怕如此小心，她也难免会遇到尖锐的物体或者凹凸不平的地面，导致受伤或者摔倒。这些意外让她倍感疲惫和无奈，但她始终保持着对工作的热爱和执着。

尽管工作环境如此恶劣，苟笑红却从未退缩过。她深知自己的工作对于城市的重要性，因此她始终保持着高度的责任感和使命感。她不仅在工作中表现出色，还积极参加各种安全培训和健康检查，增强自己的安全意识，提高应对突发事件的能力。

同时，荀笑红的经历也不禁让人深刻反思：排水工人的工作环境如此恶劣，他们的身体健康和生命安全面临着巨大的威胁。社会应该给予他们更多的关注和尊重，为他们提供更好的工作条件和保障措施。同时，也应该加强对排水设施的维护和管理，减少有毒有害气体的排放和污水污泥的产生，从根本上改善排水工人的工作环境。

荀笑红只是众多排水工人的一个缩影，她的经历代表了无数排水工人的艰辛和付出。荀笑红的故事还在继续，她依然坚守在排水一线，用自己的汗水和努力守护着城市的排水系统。她的事迹将激励着一代又一代的排水工人，让他们在面对各种恶劣环境时能够勇往直前，无所畏惧。

痛——忍痛志更明

"痛"，这个字仿佛就是荀笑红三十年工作生涯的缩影。她以坚定的意志和无尽的毅力，一次次战胜病痛，书写着自己的传奇人生。

在她的职业生涯中，手术似乎成了家常便饭。三次嗓子手术，每一次都让她短暂地失去声音，但她却用坚强的意志重新找回了自己的声音，继续为事业发声。

除此之外，荀笑红还经历过数次小针刀手术。这种手术是一种微创治疗手段，其结合了针灸针和手术刀的特点，通过在病变部位进行微小的切割或剥离，达到治疗目的。这种手术创伤小、恢复快，对治疗一些慢性疼痛、软组织损伤等病症有很好的效果。虽然手术本身创伤较小，但术后仍可能出现一定程度的疼痛、肿胀和不适。每一次手术，对于荀笑红来说都是一次对身体和心理的考验。但她总是以积极乐观的态度面对每一次挑战。这些手术留下的疤痕，如同勋章一般，记录着她的坚韧与勇敢。每一道疤痕，都是她职业生涯中不可磨灭的印记，

⊙ 2017年9月，荀笑红在疏通管道堵塞

见证着她的成长与奋斗。

曾经有一次，荀笑红被安排去为某个幼儿园进行义务清理工作。在那次任务中，她主要负责清理幼儿园的下水道井口，确保其畅通无阻。然而，由于井内空间极为狭窄，荀笑红只能采取跪姿，身体蜷缩在井里，一点点地进行着繁重的清理工作。

面对这样的工作环境，荀笑红不得不穿上一件水袄工作服。每次她稍微移动身体，水袄的背带就会紧紧地勒在她的肩膀上，产生强烈的摩擦。那种摩擦感仿佛有无数针尖在刺痛她的皮肤，让她感到极度不适。但荀笑红深知自己的责任，她咬紧牙关，默默地忍受着这份痛苦。

当荀笑红完成工作回到单位洗澡时，她惊讶地发现，自己的双肩已经被勒出两条紫红色的血印。这两条血印如同用红墨水在身上画出的线条般醒目。她知道，这是因为长时间的摩擦和压迫，使她的皮肤受到了损伤。

这两条血印在荀笑红的身上停留了很多天，那些日子，她的肩膀疼痛难忍，但她从未抱怨过一句。

还有一次，荀笑红与两位同事为了尽早完成任务，毅然决定下井清理河鼓街的大中型管道。她几乎独自掏空了大半条街的排水井。然而，这份付出给她带来的却是手臂被严重拉伤。

那天晚上，荀笑红拖着疲惫的身体回到家，手臂的疼痛却让她彻夜难眠。她躺在床上，泪水默默滑过脸颊，心中充满了无奈与痛苦。领导得知她受伤的情况后，体贴地安排她暂时留在班组，做些简单的工作，比如做饭。然而，那时的荀笑红，连一个空炒锅都端不起来，她的手臂已经失去了往日的力量。

面对这样的困境，荀笑红只能接受封闭针的治疗，以缓解手臂的疼痛。她的两只胳膊一共接受了7次封闭针的治疗，每一次都让她感到痛苦无比。然而，这仅仅是她受伤的开始，接下来的日子，荀笑红还要面对漫长的康复期，以及可能留下的永久伤痕。

2013年6月，荀笑红作为班组的负责人，带领工人们在新阳路进行了一场抢险工作。面对两名新工人，她决定亲自下井指导。然而，由于未穿防水裤，在潮湿阴暗的井下弯腰工作了40多分钟后，荀笑红上到地面时，腰部已疼得无法动弹。

同事们见状，立刻用三轮车将她送到医院。医生检查后，建议她住院治疗，但荀笑红心系工作，恳求医生寻找其他方法。最终，医生决定为她进行腰部的小针刀手术，让她至少可以恢复行走。

手术前实施麻醉时，已是午休时间。荀笑红不愿让医生等待，催促他们开始手术。然而，麻药尚未完全起效，医生的每一刀都让她疼得泪水直流。但她咬紧牙关，坚持完成手术。医

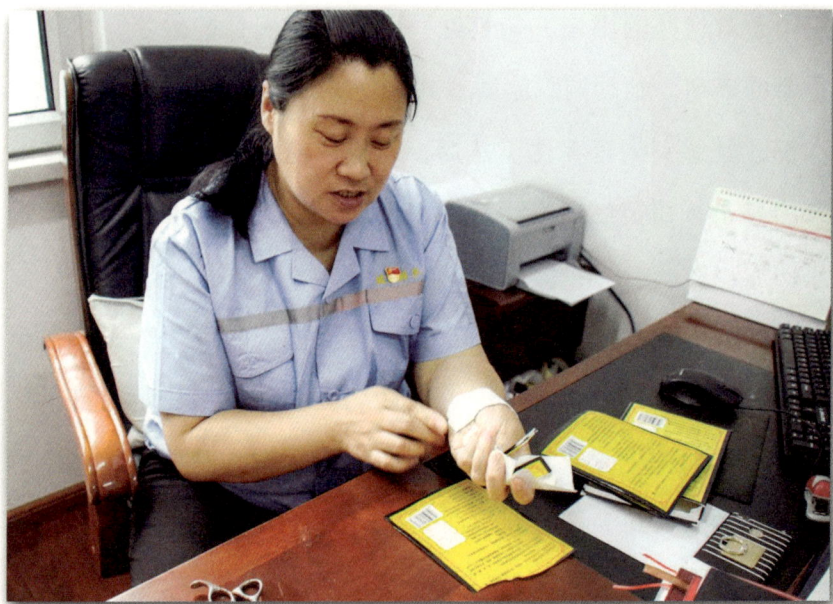

⊙ 手部受伤的荀笑红在贴膏药

生们虽然见过无数患者，但像荀笑红这样在没有完全麻醉的情况下忍受手术疼痛的精神，仍令他们感到惊讶和佩服。

术后，医生再三叮嘱荀笑红不能再干重活儿，她听话地回到班组躺了一个下午。第二天，她就又站在了岗位上，第三天更是继续参与清掏工作。

长时间的高强度工作让荀笑红几乎没有时间去关心自己的口腔健康，她总是默默忍受着牙齿的疼痛。

随着时间的推移，荀笑红的牙齿问题越发严重。她的牙齿开始松动，咀嚼食物变得异常困难。然而，即便是在这样的情况下，荀笑红仍然不肯轻易请假去看牙。

她的同事们看在眼里，疼在心里。他们纷纷劝荀笑红赶紧去看牙，但她总是以工作为重，将个人的病痛放在次要位置。她知道，自己的工作关乎整个团队的进度和成果，她不能轻易放下责任。

然而，牙齿的问题终究是无法逃避的。荀笑红在一次执行任务时，突然感到一阵剧烈的牙痛袭来，几乎让她无法忍受。她强忍着疼痛，坚持完成了任务，但回到班组后，她再也无法掩饰自己的痛苦。

同事们见状，立刻帮她联系了牙医。在牙科诊室里，荀笑红才得知自己的牙齿问题已经相当严重，需要尽快治疗。牙医为她制订了一套详细的治疗方案，并叮嘱她一定要按时复诊，否则后果非常严重。经过一段时间的治疗，苟笑红的牙齿问题得到了一定程度的改善。

在她的职业生涯中，每一次手术、每一次疼痛都是她成长的印记。她用自己的汗水和泪水浇灌着这片土地，也用自己的坚忍和毅力书写着属于自己的传奇。

如今，苟笑红已经年过半百，但她依然坚守在自己的岗位上，为排水事业贡献着自己的力量。她用自己的实际行动诠释着劳动者的伟大和崇高，也用自己的故事激励着更多的人去追求自己的梦想和目标。

欠——思恩情更浓

苟笑红对于母亲和儿子的亏欠，是深深烙印在她心中的痛。

对于母亲，苟笑红深感愧疚。母亲为了她，放弃了自己的工作，全心全意照顾苟笑红母子的生活。苟笑红明白，母亲是她最坚实的后盾，也是她能够坚持下去的动力。然而，由于工作忙碌，苟笑红对母亲的关心和陪伴却远远不够。她清楚地记得，母亲在无数个夜色中等待她下班，在她忙碌时默默承担家务，而她却总是因为工作，无法给予母亲足够的关怀和照顾。

对于儿子，荀笑红的亏欠更是无法言喻。从小，儿子就在她的忙碌中长大，她错过了儿子成长的许多重要时刻，无法给予儿子足够的关爱和陪伴。儿子对她的理解和支持，让她感到欣慰，但同时也让她更加愧疚。她明白，作为母亲，她应该让儿子感受到家庭的温暖和幸福。然而，她却没有做到。

儿子还未满4岁，荀笑红便与前夫分开了。为了守护孩子那颗纯真的心，她与前夫默契地编织了一个善意的谎言，告诉儿子，爸爸只是工作繁忙，常常需要出差。令人惊讶的是，儿子从未对此提出过疑问。直到10多年后，一次电话中她与前夫的激烈争吵，被正在读高中的儿子无意间听到。然而，儿子的反应却异常冷静，他淡淡地说：“你们分开多年这件事我早就知道了。”

当儿子即将踏上前往北京的求学之路时，荀笑红深情地嘱咐他：“儿子，别忘了妈妈对你的期望……”儿子立刻接过话茬儿：“妈妈，我记住了。我不需要多么出类拔萃，但要做一个对社会有用的人。”这番话让荀笑红心头一震，她反复教导儿子的话，如今已经深深烙印在他的心中，这让她倍感欣慰。儿子对母亲的教诲铭记于心，荀笑红也从中感受到了儿子对她的理解和尊重。他为母亲的职业感到自豪，因为母亲从事的是对社会、对人民有益的工作。

荀笑红清晰地记得，儿子11岁那年，一场大雨倾盆而下，她看到楼下的积水涌向花坛，便毫不犹豫地穿上雨衣去排水。天色渐暗，儿子担心母亲的安全，执意要陪同前往。荀笑红没有多想，便答应了儿子的请求。到了现场，儿子毫不犹豫地加入了清排积水的行列。突然，一辆大卡车疾驰而过，车轮掀起一排巨浪，冲向儿子的胸口。儿子险些被浪头掀倒，站在冰冷的积水中摇摇晃晃。荀笑红见状顿时心惊胆战，生怕儿子因此生病，这让她后悔不已。

还有一次，荀笑红带着儿子一同前往海底世界游玩，然而天公不作美，刚到达目的地，大雨便倾盆而下。荀笑红心系单位的排水抢险任务，立即打车赶回单位，将儿子安置在收发室后，便投身到紧张的抢险工作中。

荀笑红全力投入排水抢险中，直到夜幕降临，她才意识到儿子还在收发室等着自己。她心中一紧，匆匆赶回收发室，只见儿子安静地坐在那里，已经等待了7个多小时。见到妈妈，儿子没有一句怨言，只是用那双明亮的眼睛默默地看着她，仿佛在说："妈妈，我知道你很忙，我不怪你。"

儿子长大后，在乌鲁木齐工作，虽然远隔千里，但母子俩经常通过视频通话保持联系。每当荀笑红看到儿子在屏幕前笑容满面地跟她聊天，还兴奋地告诉她："妈妈，我们同事都很

⊙ 2018年春节，荀笑红（右）与母亲云南留影

佩服你！我向你致敬！"她的内心都会感到无比温暖。她知道，自己的努力和付出得到了儿子的认可和支持，这是她最欣慰的事情。

苟笑红深知，对于母亲和儿子的亏欠，是她生命中无法弥补的遗憾。然而，她也明白，生活还在继续，她需要用行动去弥补这些亏欠。她会在工作之余，尽量多陪伴母亲和儿子，让他们感受到她的关爱。苟笑红也会更加努力地工作，为社会作出更大的贡献，让母亲和儿子为她感到骄傲和自豪。

第五章　退休不离续奉献

扫码解锁

◎AI阅读助手◎群 英 颂 歌
◎初 心 守 护◎铸 就 辉 煌

以身作则淡名利

2003年7月，顾乡所接纳了因排水服务公司解体而被分流的八名工人，其中五人被分配到了维修一工段，包括一位男职工和四位女职工。因为原先的单位效益不佳，他们每个月只能领到微薄的生活费，生活比较艰难，有些人甚至不得不靠做些小买卖来维持生计。他们初来乍到，并不习惯工段的各项规章制度，有人更是多次挑事。某天，食堂大姐已为大家准备好了饭菜，一位刚调过来的女职工却领着几人，没有提前与食堂人员打招呼就直奔饭店。食堂大姐出于好心，轻声提醒他们："别总出去吃了，你们刚调过来，工资也不高，总出去吃，钱怎么能够花呢？"却不料，那位女职工立刻反驳道："关你什么事！"这句话让大姐伤心落泪，她们之间也因此产生了隔阂，数日都不曾交流。

面对这种情况，荀笑红深知言传身教的重要性。于是，她开始亲自示范，耐心地教导他们如何成为一名合格的维修一工段工人。每一次的工作，她都以身作则，展现出对工作的敬业

⊙ 上图　2020年4月，荀笑红（右）在工段开展实训

⊙ 下图　荀笑红（中）工作现场与同事合影

与热情。

除了工作上的示范，荀笑红还与他们展开深入沟通，耐心地倾听他们的想法和困惑，解答他们的疑问，帮助他们解决思想上的问题。慢慢地，他们开始理解并接受这里的工作方式和规章制度，也逐渐融入了这个大家庭。

经过一段时间的相处，那几名新来的工人们彻底服了她。他们不再挑事和抵触，而是积极地投入工作，成了维修一工段的重要成员。而当初那位带头挑事的女同志，也主动找到食堂大姐道歉，承认了自己的错误。从那以后，班组里呈现出一片和谐的景象，每个人都为了共同的目标而努力着。

在这个过程中，荀笑红始终保持着淡泊名利的心态。她深知，作为一名工人，她的职责是做好自己的工作，为团队和社会作出贡献。她不会因为个人的得失而斤斤计较，也不会因为名利而迷失自己的方向。她相信，只有用心去做事，才能让自己的人生真正有意义。

如今，每当回想起那段日子，荀笑红都会感到无比的自豪和满足。因为她知道，正是她的以身作则和淡泊名利，赢得了工人们的尊重和信任，也让维修一工段成了一个团结、和谐、高效的团队。

在工作中，她始终保持着对卓越技术的追求。然而，当面对不公待遇时，她却选择了淡然处之，用自己的行动诠释了淡泊名利的真谛。

排水人有自己一年一度的比武大赛，荀笑红作为技术骨干每次都名列前茅，只要有她参与的比赛，必然会为班组捧回奖杯。有一年的比武大赛新增了拉管技术比武这个项目，这个项目比较特殊，因为获得前三名的人，单位会安排疗（休）养。这不仅是对个人的褒奖，更是对集体的认可。

在接下来的竞赛环节中，荀笑红以优异的成绩脱颖而出。然而，后来当集团决定安排技术能手参加疗（休）养时，自己的名字并没有出现在名单上，这让她感到有些不满。回到家后，她向同为排水人的母亲抱怨了自己的遭遇。母亲则以自己的经历告诉她："我那时候就凭干！"这句话给了荀笑红很大的启示。她意识到，与其抱怨和等待别人的认可，不如凭借自己的努力和实力去争取。于是她说道："凭干我怕谁！"

荀笑红用实际行动证明了淡泊名利并不意味着放弃追求，而是要在追求中保持一颗平常心。她相信，只要自己足够努力、足够优秀，总有一天会得到所有人的认可。这种态度不仅让她在工作中取得了优异的成绩，也让她在人生的道路上更加从容和坚定。

⊙ 荀笑红（前排左二）获得技术比武大赛第一名

心系人民愿服务

荀笑红的心愿简单而又坚定：尽自己最大的力量去帮助更多的人。这个心愿像一粒种子，早已在她的心中生根发芽，成为她生活的指引。

多年来，荀笑红在公益的道路上从未停歇。无论是抗洪救灾、抗疫援助，还是关爱资助贫困山区的孩子，每当听说哪里有需要，她就会毫不犹豫地伸出援手。

记得1998年的那个夏天，洪水肆虐，电视新闻里，一片又一片的家园被洪水吞噬，灾区的画面深深刺痛了荀笑红的心。她坐在电视机前，双手紧握，心中充满焦急和担忧。

荀笑红没有犹豫，立刻行动起来。她先从自己的积蓄中拿出一部分钱，捐给了灾区。但她知道，个人的力量是有限的，她需要更多的人加入这场援助行动。

于是，她写了一封又一封的信，打了一个又一个的电话，向亲朋好友们讲述灾区的情况，呼吁他们伸出援手。在她的带动下，越来越多的人加入这场公益活动，纷纷捐款捐物。

此外，荀笑红还积极参与各种志愿服务活动。记得有一次，荀笑红得知贫困山区有一群孩子生活困难，她毫不犹豫地前往探望。她带着满满一车的衣物和学习用品，踏上了崎岖的山路。当她来到那个偏远的村落，看到孩子们破旧的衣服和渴望知识的眼神时，她的心中满是酸楚。

荀笑红细心地为每个孩子挑选了合适的衣物，并将学习用品和体育用品一一分发到他们手中。她坐下来与孩子们交流谈心，倾听他们的故事和梦想。她鼓励孩子们要努力学习，相信自己有能力走出大山，改变命运。

为了让孩子们度过一个难忘的暑假，荀笑红还特意组织了一场别开生面的夏令营活动。她邀请志愿者们一同前往，为孩子们带来了丰富多彩的活动。他们一起做游戏、唱歌、跳舞，还举办了知识竞赛和手工制作等活动。孩子们的脸上洋溢着幸福的笑容。

荀笑红还特地为孩子们准备了一场讲座，分享了自己的成长经历和人生感悟。她告诉孩子们要勇敢面对困难，积极追求梦想，用自己的努力去创造美好的未来。孩子们听得津津有味，纷纷表示要向她学习，努力成为一个对社会有用的人。

夏令营活动结束后，荀笑红与孩子们建立了深厚的友谊。她时常与他们保持联系，关心他们的学习和生活情况。她还积极呼吁更多的人加入公益事业的行列，为更多的孩子送去关爱和帮助。

荀笑红还积极投身于关爱脑瘫儿童的事业中，经常去看望、照顾这些"慢天使"们，希望用自己的爱心温暖这些孩子们。在2019年的感动龙江颁奖晚会上，荀笑红获得了荣誉奖金和一个智能电饭煲。然而，她却选择将这笔奖金全部捐出。晚会结束，她还将价值上千元的智能电饭煲直接送到了一个困难家庭的孩子手中。她温柔地抚摸着孩子的头发，轻声说道："希望这个电饭煲能为你们的生活带来一丝便利和温暖。"孩子眼中闪烁着感动的泪花，紧紧抱住了荀笑红。

荀笑红的善举不仅温暖了那些需要帮助的人，也感染着身边的人。她的行为让人们看到了公益的力量，她的朋友们纷纷表示要向她学习，用自己的力量去帮助更多的人。在公益的道路上，荀笑红的脚步从未停歇，她用行动诠释着公益的真谛，带领同事们一起为社会贡献着力量。

⊙ 2020年12月，荀笑红到脑瘫医院看望"慢天使"们

退休不忘守初心

退休不退岗，一入排水门，终身排水人。这是荀笑红一贯秉承的工作理念。

2020年，尽管已经办理了退休手续，荀笑红却并未选择安逸的退休生活。相反，她毅然决然地回到了工作岗位，与团队并肩作战。

荀笑红深知，她的职责不仅仅是完成工作任务，更是为了城市的排水系统更顺畅、环境更整洁，让百姓的出行更加安全。因此，即使付出再多的辛苦和努力，她也觉得是值得的。她的初心始终未改，对排水事业的热爱和执着让她在退休后依然坚守在岗位上，为城市的繁荣和百姓的福祉继续奉献。

这些年，她放弃了众多离开一线岗位的机会。她深知，一线岗位是排水工作的核心，是守护城市地下脉络的关键所在。因此，她选择继续留在这里，带领党员服务队义务为民服务，为城市的顺畅运行继续保驾护航。

在她的带领下，哈尔滨排水集团党员志愿服务队成了城市的一道亮丽风景线。无论是炎炎夏日还是寒风凛冽，他们都坚守在岗位上，为市民提供及时、有效的服务。她的付出和坚持，赢得了市民的广泛赞誉和尊重。

荀笑红不仅坚守在排水工作的前线，更是肩负着为排水事业培养新一代人才的重任。她深知行业的持续发展离不开新鲜血液的注入，因此，她将大量的精力投入新人的培训和指导中。

在她的悉心教导下，荀笑红班组成了排水行业培养和输送专业人才的摇篮。她不仅无私传授经验和技能，更注重培养新人的职业精神和责任感。她的耐心和热情，让每一位新人都感受到了温暖和关怀，也让他们更加坚定了在排水行业发展的决心。

从2020年至2022年，荀笑红班组共培训了20位排水新人。这些新人在荀笑红的指导下，迅速成长并成为排水行业的中坚力量。其中18位新人已经在不同的重要岗位上发光发热，为城市的排水事业贡献着自己的力量。而另外两位新人，也接受了重点培养，作为荀笑红班组的后备力量。

荀笑红的付出和努力，不仅为排水行业注入了新的活力，更为行业的未来发展奠定了坚实的基础。她的精神和事迹，激励着更多的人投身排水事业。

在培训学员时，荀笑红展现出了无比的耐心和责任心。从

⊙ 2020年7月，荀笑红（后排右三）与第一批徒弟们的合影

理论知识到专业技术，再到实际操作，每一个环节她都悉心指导，手把手教学。尤其是在机械作业操作上，她更是严格要求，确保每个人都能够熟练掌握。

除了教授学员们专业技能，荀笑红还注重培养他们的职业素养和使命感。她深知，排水工作者是城市排水系统的"清道夫"，是民生工程的守护者。因此，她时常向学员们强调，他们的工作是对国家和人民有益的，是值得为之奋斗终生的事业。

为了让学员们更好地了解井下的真实状况，荀笑红不畏艰险，亲自带领他们下到最复杂、最危险的井下进行现场教学。通过实地教学，学员们不仅从理论学习中明白了行业存在的必要性，更从开始的抗拒入行，逐渐转变为对行业的热爱和自豪。

此外，荀笑红班组还作为集团公司的党员教育基地，组织开展党员教育活动。荀笑红主动为新老党员讲党课，带领大家重温入党誓词，时刻提醒党员干部不忘初心、牢记使命，全心全意为人民服务。

在她的悉心教导下，学员们不仅掌握了专业技能，还树立了正确的职业观和价值观。荀笑红的付出和努力，为排水行业培养了一批又一批的优秀人才，也为城市的繁荣和发展作出了积极的贡献。

⊙ 2020年6月，荀笑红在讲党课

荀笑红用自己的行动诠释了什么是真正的无私奉献，也为这个社会注入了更多的正能量。她就像一束光，带领着整个班组热心于公益。对于跟着荀笑红学习的学员们来说，最有意义的事就是跟着她做志愿服务。在她的带领下，一群志同道合的同事，并肩踏上了公益之旅，用他们的行动传递着爱与温暖。

荀笑红还带着同事们走进敬老院，那里居住着许多孤寡老人。他们为老人们准备了饺子、水果和粮油，还亲手为老人们理发。每个人都积极参与，用实际行动让老人们感受到家的温暖。老人们脸上洋溢的笑容，让荀笑红和同事们深感欣慰。

荀笑红还带领团队成为黑龙江省妇联大型活动的志愿者，在活动中负责人员引领、疏散以及奖品运输、收集、发放等工作。荀笑红时刻关注着活动的进展，确保每个环节都顺利进行。在她的带领下，志愿者们井然有序地完成了任务，赢得了主办方的赞誉。

此外，荀笑红还定期组织同事们参与为民义务服务活动。面对污浊的井口，她毫不退缩，亲自示范如何清理。在她的鼓励下，同事们也逐渐克服了恐惧，勇敢地投入义务服务中。他们的付出让城市的环境变得更加美好，也让更多的人感受到了公益的力量。

⊙ 2019年，荀笑红（左一）和同事们一起到敬老院慰问老人

传承精神创价值

　　如今，在荀笑红的带领下，哈尔滨排水集团荀笑红班组已经成了排水系统里响当当的榜样班组。

　　荀笑红作为班组的"领头羊"，她的领导能力和个人魅力在班组中出类拔萃，深受同事们的敬佩和爱戴。她不仅具备深厚的专业知识和实践经验，更拥有一颗为民服务、无私奉献的赤诚之心。

　　荀笑红总是将班组的同事们放在心上，关心他们的生活和工作。她常说："家里有啥组有啥，组里缺啥从家拿。"在她的带动下，班组内部形成了一种团结互助、和谐融洽的氛围。荀笑红经常将自己的生活用品带到单位与大家分享。同志们开玩笑地说："你干脆把家搬来得了。"这句话的背后，正是对荀笑红无私付出的认可和感激。

　　在荀笑红班组，大家早已形成了一种默契和习惯。荀笑红买来的吃的，大家可以随便享用；她的东西，大家也可以随意使用。这种亲密无间的关系，不仅体现了班组内部的和谐与信

⊙ 2020年5月，荀笑红在班组留影

任，更展现了荀笑红作为班长的亲和力和凝聚力。

荀笑红不仅关心大家的生活，还注重班组的文化建设。她心灵手巧，善于制作各种小挂件、小装饰品。这些精致的手工艺品不仅美化了班组的环境，还给大家带来了愉悦的心情。走进荀笑红班组，大家都会被这里温馨融洽的氛围所感染，感受到一种家的温暖。

荀笑红的领导风格和个人品质，为班组树立了一个良好的榜样。在她的带领下，班组成员们团结一心、攻坚克难，共同为城市的排水事业作贡献。如今，荀笑红和同事们已从默默无闻的"地下工作者"渐渐地被市民所熟悉和理解。但他们并没有因此而骄傲自满或放松对自己的要求。相反，他们依然坚守在清掏岗位上，继续用勤劳的双手为这座城市贡献着自己的力量。

多年来，在党组织和各级领导的精心培养与教育下，在同事、家人和朋友的热情支持与帮助下，荀笑红获得了全国优秀共产党员、全国劳动模范、全国三八红旗手标兵等诸多荣誉。2017年，她还光荣地当选为党的十九大代表，并走上了"党代表通道"。后来，她更是幸运地成为黑龙江省唯一的基层党代表，列席了党的十九届五中全会。这些荣誉不仅彰显了党组织对她的高度信任，更体现了她为哈尔滨排水人、龙江人争光的辉煌成就。

⊙ 2017年，荀笑红参加党的十九大在"党代表通道"接受采访

　　荀笑红作为人大代表，一直关注着排水系统和人民群众的需求，为此她积极建言献策，提出了许多有价值的建议。

　　首先，她强调了排水系统在城市基础设施中的重要地位，呼吁政府加大对排水设施的投资力度，提升排水系统的建设水平。她提出，应该加强老旧管线的修复工作，改造积水点，建设生产调度信息管理系统，以应对城市内涝等突发情况。这些建议有助于改善城市的排水状况，保障人民群众的生产生活安全。

　　其次，荀笑红关注一线排水工人的工作环境和待遇问题。她提出，应该减轻一线工人的清掏强度，提高机械化程度，降低工人的劳动强度。同时，她呼吁社会更加关注排水工人的付出和贡献，提高他们的社会地位和待遇。这些建议有助于改善一线工人的工作环境，提升他们的幸福感和归属感。

　　此外，荀笑红还提出了关于城市排水设施建设的建议。她认为，城市排水设施建设应与城市建设同步发展，确保排水设施建设与城市发展的需求相匹配。她还建议加强排水设施的维护和保养工作，确保排水系统的正常运行。这些建议有助于推动城市排水设施建设的科学化和规范化，提高城市的整体排水能力。

　　2020年，荀笑红因为杰出的工作表现和无私的奉献精神获得全国劳动模范的殊荣，这份荣誉无疑是对她辛勤工作和卓越

⊙ 2020年，荀红笑获得全国劳动模范奖章

贡献的极高肯定。她有幸与众多劳动模范一同受邀走进庄严宏伟的人民大会堂，参加那场意义非凡、备受瞩目的全国劳动模范表彰大会。站在那座充满厚重历史与文化气息的大会堂内，荀笑红深感党和国家对她这样的产业工人的深切关怀与尊重。

这份荣誉不仅是对荀笑红个人工作的认可，更是对整个产业工人群体的赞誉。她深知，这份荣誉背后承载着沉甸甸的责任，她将以此为动力，更加坚定地投身工作。她决心在本职岗位上继续奋斗，不断提升自己的业务能力和技术水平，为社会的进步贡献更大的价值。

作为一名产业工人，荀笑红深知自己肩负着推动国家经济发展的重任。在表彰大会上，她认识了众多优秀的劳动模范，他们来自不同的行业和领域，却都以辛勤的付出和卓越的成就获得了这份荣誉。他们的成功经验和精神激励着荀笑红，让她更加坚定了追求卓越的决心。

回到工作岗位后，荀笑红更是倍加珍惜这次表彰的机会，将其视为前进的动力。她紧跟时代的步伐，不断学习新的技术和工艺要求。同时，她也积极分享自己的经验和成果，帮助身边的同事共同成长。

回顾荀笑红进入工作岗位以来的点点滴滴，那些经历过的手术磨难，以及长期与病痛的顽强抗争，无疑构成了她人生中一段异常艰辛的旅程。然而，这些困难和挑战并未击垮她的意

⊙ 2020年，荀笑红参加全国劳动模范表彰大会

志，反而让她变得更加坚强和勇敢。今天这些沉甸甸的荣誉让她忘记了身体的疼痛与曾经内心深处的委屈，因为她深知，过往所有的付出与拼搏，都在这一刻得到了最有力的回应，一切都是值得的。

　　身在污泥中，心如莲花净。宁愿一人脏，换得万人净。愿守清贫志，不染世俗尘。默默付辛劳，人间处处洁。儿时，荀笑红曾承欢于祖辈膝下，聆听那些激情澎湃的革命故事；如今，她终于在工作岗位上完成了革命教育的闭环。她以实际行动传承着奉献精神，不仅实现了人生价值，更为社会的繁荣和发展贡献了自己的一份力量。

扫码解锁

◎AI阅读助手◎群英颂歌
◎初心守护◎铸就辉煌